CÓDIGO PROCESAL CIVIL
REGLAMENTO DE AUDIENCIAS VIRTUALES

Concordados

ACCESO GRATIS a la Lectura en la Nube

Para visualizar el libro electrónico en la nube de lectura envíe junto a su nombre y apellidos una fotografía del código de barras situado en la contraportada del libro y otra del ticket de compra a la dirección:

ebooktirant@tirant.com

En un máximo de 72 horas laborales le enviaremos el código de acceso con sus instrucciones.

Código Procesal Civil Reglamento de Audiencias Virtuales
Concordados

Paula Artavia C.
Sergio Artavia B.

tirant lo blanch
San José, 2024

© EDITA: TIRANT LO BLANCH
DISTRIBUYE: MASTER LEX. GRUPO EDITORIAL TIRANT LO BLANCH
Master Lex
Grupo Editorial Tirant lo Blanch
San José, Yoses Sur.
Costa Rica
Tel. 2280-1370
ventas@masterlex.com
Librería virtual: editorial.tirant.com/cr/
ISBN: 978-84-1056-780-1

Si tiene alguna queja o sugerencia, envíenos un mail a: *atencioncliente@tirant.com*. En caso de no ser atendida su sugerencia, por favor, lea en *www.tirant.net/index.php/empresa/politicas-de-empresa* nuestro Procedimiento de quejas.

Responsabilidad Social Corporativa: http://www.tirant.net/Docs/RSCTirant.pdf

ÍNDICE

CIRCULARES

ABREVIATURAS

CADH	Convención Americana de Derechos Humanos
CBust	Código de Bustamante —de Derecho Internacional Privado—
CDNi	Convención Int. Sobre de los derechos del Niño
Cci / C.C	Código Civil
CCo	Código Procesal Civil
CFa	Código de Familia
CNA	Código de la Niñez y la Adolescencia
CNot	Código Notarial
CPCA	Código Procesal Contencioso Administrativo
CPCD	Código Procesal Civil derogado de 1989
CPe	Código Penal
CPo	Constitución Política
CPP	Código Procesal Penal
CTr	Código de Trabajo reformado —tras la Reforma Laboral—
LCJD	Ley de Cobro Judicial derogada del 2008
Ley Rac	Ley sobre Resolución Alterna de Conflictos
LJA	Ley de la Jurisdicción Agraria
LJC	Ley de la Jurisdicción Constitucional
LMAD	Ley de Monitorio Arrendaticio derogada
LNJ	Ley de Notificaciones Judiciales
LOPJ	Ley Orgánica del Poder Judicial
LPA	Ley de Pensiones Alimentarias
NCPC	Nuevo Código Procesal Civil
PIDCP	Pacto internacional de los derechos Civiles y Políticos
RPL	Reforma Procesal Laboral 2016

CÓDIGO PROCESAL CIVIL[1]

LA ASAMBLEA LEGISLATIVA DE LA REPÚBLICA DE COSTA RICA

DECRETA:

CÓDIGO PROCESAL CIVIL

LIBRO PRIMERO
NORMAS APLICABLES A TODOS LOS PROCESOS

TÍTULO I
DISPOSICIONES GENERALES

CAPÍTULO I
ÁMBITO DE APLICACIÓN Y PRINCIPIOS

Artículo 1. Ámbito de aplicación

Los procesos de naturaleza civil y comercial y aquellos que no tengan legislación procesal especial se regirán por las disposiciones de este Código.

Concordancias: 487 CTr., 7 y 220 CPCA.

Artículo 2. Principios

2.1. Igualdad procesal. El tribunal deberá mantener la igualdad de las partes respetando el debido proceso e informando por igual a todas las partes de las actividades procesales de interés para no causar indefensión.

2.2. Instrumentalidad. Al aplicar la norma procesal se deberá tomar en cuenta que su finalidad es dar aplicación a las normas de fondo.

2.3. Buena fe procesal. Las partes, sus representantes o asistentes y, en general, todos los partícipes del proceso, ajustarán su conducta a la buena fe, al respeto, a la lealtad y la probidad. El tribunal deberá tomar, a petición de parte o de oficio, todas las medidas necesarias que resulten de la ley o de sus poderes de dirección, para prevenir o sancionar cualquier acción u omisión

---

1 Aprobado en segundo debate del 01 de diciembre 2015, publicado en el Diario Oficial el 08 de abril del 2016, en vigor a partir del 08 de octubre 2018.

contrarias al orden o a los principios del proceso, impidiendo el fraude procesal, la colusión y cualquier otra conducta ilícita o dilatoria.

2.4. Dispositivo. La iniciación del proceso incumbe exclusivamente a los interesados, quienes podrán terminarlo de forma unilateral y bilateral, de acuerdo con lo regulado por la ley. Las partes podrán disponer de sus derechos procesales, siempre que no sean indisponibles. A nadie se puede obligar a formular una demanda, salvo disposición legal en contrario.

2.5. Impulso procesal. Promovido el proceso, las partes deberán impulsarlo. Los tribunales adoptarán de oficio, con amplias facultades, todas las disposiciones necesarias para su avance y finalización. Por todos los medios se evitará la paralización y se impulsará el procedimiento con la mayor celeridad posible. En todo caso, se aplicará el principio pro sentencia.

2.6. Oralidad. El proceso deberá ajustarse al principio de oralidad. La expresión oral será el medio fundamental de comunicación. Solo serán escritos, ya sea en soporte físico o tecnológico, aquellos actos autorizados expresamente por la ley y los que por su naturaleza deban constar de esa forma. En caso de duda entre la aplicación de la oralidad y la escritura, el tribunal escogerá siempre la oralidad.

2.7. Inmediación. Todas las audiencias serán realizadas por el tribunal que conoce del proceso, salvo disposición legal en contrario. Las sentencias deberán dictarse por el tribunal ante el cual se practicaron todas las pruebas. La utilización de medios tecnológicos que garanticen la relación directa con los elementos del proceso no implica ruptura del principio de inmediación.

2.8. Concentración. Toda la actividad procesal deberá desarrollarse en la menor cantidad de actos y tiempo posible. Las audiencias se celebrarán en el menor número de sesiones. Su posposición, interrupción o suspensión solo es procedente por causa justificada a criterio del tribunal y siempre que no se contraríen las disposiciones de este Código.

2.9. Preclusión. Los actos y las etapas procesales se cumplirán en el orden establecido por la ley. Una vez cumplidos o vencida una etapa, salvo lo expresamente previsto por este Código, no podrán reabrirse o repetirse.

2.10. Publicidad. El proceso será de conocimiento público, salvo que expresamente la ley disponga lo contrario o el tribunal lo decida de oficio o a solicitud de parte, cuando por circunstancias especiales se puedan perjudicar los intereses de la justicia, los intereses privados de las partes o los derechos fundamentales de los sujetos procesales.

Concordancias: 8 y 24 CADH, 33 y 41 Co. Pol., 3, 4.2, 5.1, 5.5, 6, 7.1, 39, 50 a 57, 102.3 y 102.5 CPC, 4 CPA.

CAPÍTULO II
APLICACIÓN DE LAS NORMAS PROCESALES

Artículo 3. Aplicación de las normas procesales

3.1. Orden público y aplicación en el tiempo. Las normas procesales son de orden público y de aplicación inmediata.

3.2. Aplicación en el espacio. Este Código regirá en todo el territorio nacional, sin perjuicio de las normas especiales y de la aplicación del derecho internacional contenido en tratados o convenios ratificados por Costa Rica.

3.3. Interpretación. Al interpretar la norma procesal, los tribunales deberán considerar su carácter instrumental, atendiendo fundamentalmente a su espíritu y finalidad. Para ello, se tomará en cuenta el sentido propio de sus palabras, en relación con el contexto, los antecedentes históricos y la realidad social del momento en que han de ser aplicadas, despojándose de formalismos innecesarios.

3.4. Integración. En ausencia de norma expresa se acudirá a la aplicación analógica de otras disposiciones que contemplen supuestos semejantes, en los que se aprecie identidad de razón. No podrán aplicarse por analogía normas de carácter sancionatorio, excepcionales o temporales. Si no es posible la aplicación analógica, el vacío se suplirá ideando procedimientos con aplicación de los principios constitucionales, generales del derecho y especiales del proceso, y atendiendo a las circunstancias.

3.5. Indisponibilidad de las normas procesales. Las partes no podrán, por acuerdo entre ellas y ni siquiera con la autorización del tribunal, disponer o renunciar de manera anticipada a las normas procesales, salvo los supuestos de mecanismos alternos de solución de conflictos, sumisión de competencia admisible, ejecuciones extrajudiciales o actos jurídicos expresamente previstos en el ordenamiento jurídico.

Concordancias: 2.2, 2.4, 32 y 32.2.2 CPC, 8 CPA.

CAPÍTULO III
SUJETOS PROCESALES: DERECHOS, DEBERES Y POTESTADES

Artículo 4. Derechos y deberes de las partes e intervinientes

4.1. Derechos. A las partes e intervinientes se les debe garantizar:

1. El acceso a la justicia.

2. Tribunales imparciales, independientes e idóneos.

3. El uso de medios alternos de solución de conflictos.

4. Los demás derechos reconocidos por la ley.

4.2. Deberes. Las partes y los intervinientes deberán ajustar su conducta a la buena fe, a la lealtad, a la probidad, al uso racional del sistema procesal, al respeto debido de los sujetos procesales y al deber de cooperación con la administración de justicia, evitando todo comportamiento malicioso, temerario, negligente, dilatorio, irrespetuoso o fraudulento. Cualquier acto contrario a estos deberes será considerado como abuso procesal y será sancionado con el rechazo de plano de la gestión, sin perjuicio de las responsabilidades disciplinarias, penales y civiles que correspondan.

Concordancias: 2 y ss Ley RAC, 8 CADH, 41 y 43 Co. Pol., 2.3, 2.4, 5.1, 5.4, 6, 12, 14, 32.2 in fine, 35.5, 50.2.1 y 51 CPC.

Artículo 5. Potestades del tribunal

El tribunal tendrá las siguientes potestades:

1. Asegurar la igualdad a las partes respetando el debido proceso.

2. Dirigir el proceso y velar por su pronta solución.

3. Desechar cualquier solicitud o incidencia notoriamente improcedente o que implique una dilación manifiesta.

4. Aplicar el régimen disciplinario sobre las partes y sus abogados sancionando cualquier acto contrario a la dignidad de la justicia, la buena fe, la lealtad, la probidad, así como cualquier forma de abuso y fraude procesal. También, cuando se compruebe que han realizado gestiones o han asumido actitudes dilatorias o litigado con temeridad. Según la gravedad de la conducta, el tribunal aplicará las amonestaciones, las multas, la expulsión de la oficina o local por el titular del despacho; pondrá a la orden de la autoridad respectiva para su juzgamiento cuando pudiera constituir delito, contravención o falta o, en casos graves, la suspensión del abogado, según está prescrito en los artículos del 216 al 223 de la Ley Nº 7333, Ley Orgánica del Poder Judicial, de 5 de mayo de 1993, y sus reformas.

5. Dictar las resoluciones dentro de los plazos legales.

6. Procurar la búsqueda de la verdad dentro de los límites establecidos por el ordenamiento jurídico.

Las demás que establece la ley.

Concordancias: 22 CCi., 8 y 24 CADH, 33 y 41 Co Pol., 2.3, 2.5 2.7, 4.2, 5.1, 5.3, 5.4, 6, 32, 32.2 in fine, 35.5, 41.1, 41.3 in fine, 50.4, 57.1, 58.2 y 61.1 CPC.

Artículo 6. Abuso procesal y procesos fraudulentos

Cuando del resultado del proceso haya mérito para considerar que se actuó con temeridad, mala fe o abuso en el ejercicio de los derechos procesales, el tribunal lo declarará en sentencia dentro del mismo proceso y condenará al responsable al pago de los daños y perjuicios que hubiera ocasionado, los que se liquidarán y ejecutarán de inmediato.

Si el tribunal estuviera convencido del uso de un proceso para obtener un móvil prohibido por la ley, dictará sentencia desestimando la demanda y condenará a los sujetos activos al pago de los daños y perjuicios, los cuales se podrán cuantificar en ejecución, sin perjuicio de las responsabilidades disciplinarias, penales y civiles que correspondan.

Concordancias: 2.3, 5.1, 5.4, 5.5 y 35.5 CPC, 22CCi.

CAPÍTULO IV
COMPETENCIA

SECCIÓN I
DISPOSICIONES GENERALES

Artículo 7. Disposiciones generales

7.1. Perpetuidad de la competencia. Una vez definida la competencia, las alteraciones en cuanto al domicilio de las partes, la situación del bien litigioso y del objeto del proceso no la modificarán, salvo disposición legal en contrario.

7.2. Competencia preventiva. Si para un mismo proceso hubiera más de un tribunal competente, conocerá el que prevenga en su conocimiento.

7.3. Conexidad. Existe conexidad con referencia a dos o más procesos o pretensiones, cuando dos elementos son idénticos, o uno solo, si es la causa.

7.4. Competencia funcional. La competencia de los tribunales de las diversas jerarquías la regulan este Código, la Ley Orgánica del Poder Judicial y las leyes especiales.

Concordancias: 165 LOPJ, 2.9, 8.2, 8.3, 8.5, 9, 10, 11, 23.3 CPC.

SECCIÓN II
COMPETENCIA OBJETIVA

Artículo 8. Criterios determinantes

8.1. Materia. Los tribunales serán competentes conforme a la especialidad de la materia de debate.

8.2. Cuantía. Cuando el elemento determinante de la competencia sea la cuantía, los procesos serán de mayor y de menor cuantía, conforme a la estimación de la demanda.

8.3. Territorio. Con las salvedades establecidas por ley, los tribunales tienen limitada su competencia al territorio señalado para ejercerla.

8.3.1. Ubicación del inmueble. Será competente el tribunal del lugar donde se encuentre situado el bien, para conocer de las siguientes pretensiones:

1. Relativas a la constitución, modificación y extinción de derechos reales sobre inmuebles.

2. Arrendaticios sobre inmuebles o sobre universalidades comprensivas de ellos.

3. Mixtas o personales referidas o con efectos sobre inmuebles.

4. Relacionadas con la gestión, administración o mantenimiento de bienes inmuebles.

8.3.2. Domicilio del demandante o promotor. El tribunal del domicilio de quien formula una pretensión tendrá competencia para conocer:

1. De las infracciones en materia de propiedad intelectual, competencia

2. Desleal y protección al consumidor. También será competente, a escogencia del demandante, el tribunal del lugar donde sucedieron los hechos.

3. De los procesos judiciales no contenciosos, salvo lo previsto para casos especiales.

8.3.3. Domicilio del demandado. Al tribunal del domicilio del demandado le corresponderá conocer de las siguientes pretensiones:

1. De carácter personal.

2. De cualquier naturaleza sobre bienes muebles.

3. De los procesos concursales de personas no empresarias.

8.3.4. Criterio de actividad. Será competente el tribunal del lugar donde se ejerce o ejerció la actividad principal del deudor o demandado, para conocer de:

1. Procesos concursales de personas empresarias.

2. Impugnación de acuerdos de personas jurídicas y cualquier reclamación de los socios o miembros de esas personas contra estas y viceversa.

3. Las rendiciones de cuentas provenientes de cualquier administración u otra causa semejante.

El lugar de la actividad principal estará donde se ubique la organización empresarial o el negocio más importante del demandado o deudor. Si tuviera o hubiera tenido varios centros de actividad, será el que coincida con su domicilio, real o estatutario y, a falta de esa coincidencia, el asunto podrá radicarse en el territorio de cualquiera de esos centros.

8.3.5 Criterios especiales. Corresponde conocer lo siguiente:

1. Los aseguramientos de bienes, apertura y reconocimiento de testamentos, sucesiones y ausencias al tribunal del último domicilio del causante o ausente y, en su defecto, al del lugar donde esté la mayor parte de los bienes. Si no fuera posible aplicar ninguno de los criterios anteriores, será competente el tribunal ante el que se hubiera presentado la gestión por primera vez.

2. Para el reclamo de daños y perjuicios será competente el tribunal del lugar en que sucedieron los hechos o del domicilio del actor, a elección de este, salvo que estos sean planteados como accesorios de una pretensión principal de otra naturaleza, pues en este caso competerá al tribunal de la principal.

8.4. Actividades cautelares y preparatorias. Para actividades cautelares o preparatorias será competente el tribunal al que corresponde conocer del proceso principal. En caso de urgencia, podrán plantearse ante cualquier tribunal. Las actuaciones practicadas pasarán a formar parte del proceso principal.

Si se solicita en relación con un proceso arbitral nacional o con un proceso jurisdiccional o arbitral extranjero, será competente el tribunal de primera instancia del lugar donde se deba ejecutar el laudo o la sentencia, o donde deban surtir efecto las medidas a elección del promovente.

8.5. Acumulación de procesos. Si dos procesos, conexos entre sí, se iniciaran por aparte, se ordenará su acumulación. No procede si en uno de los procesos se hubiera señalado para la audiencia de práctica de prueba o se ha dictado sentencia. En procesos de ejecución hipotecaria o prendaria solo se admitirá cuando exista identidad de causa.

La acumulación la podrá pedir cualquiera de las partes o declararse de oficio. La solicitud se presentará ante el tribunal que tramita el proceso más antiguo y a esta se acompañará copia de la segunda demanda, con indicación de su estado procesal, y la fecha en que se le dio curso. El tribunal ante el que se formule la solicitud resolverá sin más trámite y de acogerla ordenará traer el otro proceso.

8.6. Litispendencia. Se produce litispendencia cuando existen, en trámite, dos o más procesos en los que concurra identidad de sujetos, objeto y causa. De oficio o a solicitud de parte se ordenará el archivo del proceso más nuevo. La demanda presentada ante tribunal extranjero no produce litispendencia, salvo disposición expresa en contrario.

Concordancias: 167 LOPJ, 7 y 37 CPC.

Artículo 9. Incompetencia, improrrogabilidad, indelegabilidad y auxilio

9.1. Incompetencia e improrrogabilidad. Los tribunales solo podrán declarar de oficio su incompetencia por razón del territorio, antes de dar curso a la demanda. Si no lo hicieran, en ese momento, únicamente podrán decretarla cuando la parte accionada haya planteado la excepción dentro del plazo respectivo.

Por razón de la materia, cuantía y por territorio nacional podrá decretarse de oficio en cualquier estado del proceso, salvo que se haya definido mediante resolución firme.

9.2. Indelegabilidad. Los tribunales no pueden delegar su competencia. Podrán requerir el auxilio de otros órganos jurisdiccionales y autoridades únicamente en los casos expresamente establecidos por la ley.

Concordancias: 2.7, 2.9, 8.1, 8.2, 8.3, 8.5, 10, 11, 23.3 CPC.

Artículo 10. Conflictos de competencia

Si lo dispuesto sobre la competencia fuera objeto de apelación o dentro del tercer día el tribunal que lo recibe disintiera, la cuestión se resolverá conforme a lo dispuesto por la Ley N.° 7333, Ley Orgánica del Poder Judicial, de 5 de mayo de 1993.

Concordancias: 165 a 169 LOPJ, 9, 11 y 37.3.1 CPC.

Artículo 11. Competencia internacional

11.1. Competencia del tribunal costarricense. Son competentes los tribunales costarricenses cuando así lo determinen los tratados internacionales vigentes. Además, lo serán si:

1. El demandado, cualquiera que sea su nacionalidad, estuviera domiciliado en Costa Rica. Se presume domiciliada en Costa Rica la persona jurídica extranjera que tuviera en el país agencia, filial o sucursal, pero solo respecto de los actos o contratos celebrados por ellas.

2. La obligación debe ser cumplida en Costa Rica.

3. La pretensión se funda en un hecho, acto o negocio jurídico ocurrido, celebrado o con efectos en el territorio nacional.

4. Las partes así lo han establecido contractualmente, siempre que alguna de ellas sea costarricense y al mismo tiempo exista algún criterio de conexión con el territorio nacional.

11.2. Competencia exclusiva. Son competentes los tribunales costarricenses, con exclusión de cualquier otro, para conocer de las siguientes pretensiones:

1. Reales o mixtas relativas a muebles e inmuebles situados en Costa Rica.

2. Contra personas jurídicas inscritas en Costa Rica que afecten su constitución, validez, disolución o sean relativas a decisiones o acuerdos de sus órganos.

3. Cuando las partes sean costarricenses o extranjeros domiciliados en el país, siempre que sus efectos y ejecución deban darse en Costa Rica.

11.3. Incompetencia internacional. Los tribunales costarricenses deberán declararse incompetentes de oficio cuando:

1. Se haya formulado demanda o solicitado ejecución respecto de sujetos o bienes que gocen de inmunidad conforme a las normas del derecho internacional.

2. En virtud de tratados o convenios internacionales, el asunto se encuentre atribuido con carácter exclusivo a la jurisdicción de otro Estado.

3. El asunto no le sea atribuido de acuerdo con las disposiciones establecidas en este artículo. No obstante, a pesar de la inexistencia del factor de conexión, si el tribunal no declinó de oficio su competencia, el demandado podrá prorrogarla tácita o expresamente.

Concordancias: 2.9, 8.2, 8.3, 8.5, 9, 10, 23.3, 37.3.1, CBu, 98 a 100 CPC, 23 a 30 CCi.

SECCIÓN III
COMPETENCIA SUBJETIVA

Artículo 12. Causales de impedimento

Son causales de impedimento:

1. El interés directo en el resultado del proceso.

2. Ser una de las partes cónyuge, conviviente, ascendiente, descendiente o pariente hasta el tercer grado de consanguinidad, o segundo de afinidad del juez.

3. El interés directo en el resultado del proceso de cualquiera de los familiares del juez indicados en el inciso anterior. En tribunales colegiados, las causales de los incisos anteriores se extienden a los demás integrantes.

4. Haber sido el juez abogado, tutor, curador, apoderado, representante o administrador de alguna de las partes. Esta causal se extiende al cónyuge, conviviente, ascendiente y descendiente del juez.

5. Ser acreedor, deudor, fiador o fiado, empleado o patrono en relación con alguna de las partes. No hay causal si el nexo es con el Estado o cualquier institución pública. Tampoco, si se diera con una sociedad mercantil, una corporación, una asociación o cualquier otra persona jurídica, cuando el nexo con estas sea irrelevante para demeritar la objetividad del funcionario.

6. Ser el juez o alguno de los parientes indicados en el inciso 2), parte contraria de algunas partes en otro proceso, siempre que este no hubiera sido instaurado con el único propósito de inhabilitarlo.

7. Existir o haber existido, en los dos años precedentes a la iniciación del proceso, un proceso jurisdiccional o administrativo en que figuren como contrarios, respecto de alguna de las partes, el juez o sus parientes indicados en el inciso 2).

8. Deba el juez fallar en grado acerca de una resolución dictada por alguno de los parientes indicados en el inciso 2).

9. Ser o haber sido, en el último año, compañero de oficina o de trabajo de alguna de las partes.

10. Sostener el juez, su cónyuge, ascendiente o descendiente opinión contraria a la de algunas de las partes, en otro proceso de su interés.

11. Ser una de las partes juez o árbitro en otro proceso en que sea parte el juez o los parientes indicados en el inciso anterior.

12. Haberse impuesto al juez alguna corrección disciplinaria, en el mismo proceso, por queja presentada por una de las partes.

13. Haber externado, fuera de sus funciones, opinión a favor o en contra de alguna de las partes. Las opiniones expuestas o los informes rendidos que no se refieran al caso concreto, como aquellas dadas con carácter doctrinario o en virtud de requerimientos de los otros poderes o en otros asuntos de que conozcan o hayan conocido de acuerdo con la ley, no configuran esta casual.

14. Haber sido el juez perito o testigo en el proceso.

15. Haber participado en la decisión del acto objeto del proceso.

16. La existencia de circunstancias que den lugar a dudas justificadas respecto de su imparcialidad u objetividad.

Concordancias: 25 LOPJ, 8 CADH, 13, 14, 16 y 18 CPC.

Artículo 13. Inhibitoria

El juez unipersonal que tuviera causal de impedimento se inhibirá mediante resolución y pasará el proceso a quien deba sustituirlo. Este continuará con el procedimiento, salvo que estime infundada la inhibitoria, en cuyo caso podrá plantear conflicto que resolverá el superior respectivo.

En tribunales colegiados, la inhibitoria de uno de sus integrantes la resolverán los restantes miembros; pero, si la causal los comprendiera a todos, decidirá el tribunal sustituto conforme lo dispone la Ley Orgánica del Poder Judicial. Se deberá resolver en el plazo de veinticuatro horas.

Concordancias: 24 LOPJ, 8 CADH, 5.5, 12, 14, 16 y 18 CPC.

Artículo 14. Recusación

14.1. Legitimación. Solo podrá recusar la parte o el interviniente perjudicado con la causal.

14.2. Improcedencia de la recusación del juez. No será recusable el juez:

1. Para conocer de una recusación que esté llamado a resolver.

2. En cumplimiento de comisiones.

3. En procesos o actos de mera ejecución.

14.3. Inadmisibilidad de la gestión de recusación. La recusación será inadmisible y el recusado la rechazará de plano, cuando:

1. Concurra alguno de los supuestos del inciso anterior.

2. No se sustente en una de las causales expresamente previstas por ley.

3. La parte interesada haya intervenido antes en el proceso teniendo conocimiento de la causal.

4. No se presente, al menos, un principio de prueba del hecho alegado como causal.

14.4. Momento y forma de proponer la recusación. La recusación deberá proponerse tan pronto como se tenga conocimiento de la causa en que se funde. Si después del señalamiento para audiencia y antes de su celebración surgiera alguna causal, deberá interponerse al inicio de la audiencia. Puede formularse con posterioridad a la audiencia de prueba y antes de sentencia definitiva, siempre que se trate de causas no conocidas o sobrevinientes a la finalización de esa audiencia.

En la audiencia deberá formularse verbalmente y en los demás casos por escrito. En ambos supuestos, la parte indicará la causa y los motivos de su gestión acompañando toda la prueba.

14.5. Procedimiento de la recusación. Interpuesta la recusación, si el juez acepta la causal se inhibirá; si la niega, dictará resolución motivada y ordenará pasar el proceso al juez correspondiente, quien la tramitará por la vía incidental y decidirá si continúa con el procedimiento o lo devuelve al recusado. En tribunales colegiados, la recusación de uno de sus integrantes la resolverán los restantes miembros, pero si la causal los comprendiera a todos, decidirá el tribunal sustituto conforme lo dispone la Ley N.° 7333, Ley Orgánica del Poder Judicial, de 5 de mayo de 1993. Se deberá resolver en el plazo de veinticuatro horas.

Cuando la recusación se formule en la audiencia y el juez niegue la causal, siempre que sea posible se resolverá en ese acto. Para tal efecto, se sustituirá al juez o a los jueces recusados. Denegada la recusación, los titulares continuarán con el desarrollo de la audiencia. Cuando se admita, se procederá a la sustitución y, de ser posible, se continuará con la audiencia.

14.6. Efectos de la recusación. La solicitud de recusación no suspenderá la práctica de los actos procesales y estos serán válidos, aun cuando se declare fundada la recusación, salvo que se lesione el principio de inmediación.

Concordancias: 8 CADH, 12, 13, 16, 17 y 18 CPC.

Artículo 15. Oportunidad para resolver

La inhibitoria y la recusación deberán quedar resueltas antes de la celebración de la audiencia de prueba. De haberse superado esa etapa, antes de que se dicte sentencia.

Concordancias: 8 CADH, 12, 13, 14, 16, 18 y 58.2 CPC

Artículo 16. Perpetuidad de la competencia subjetiva

La intervención de los jueces sustitutos a consecuencia de la inhibitoria o recusación será definitiva, aunque posteriormente desaparezcan los motivos determinantes de la separación.

Concordancias: 8 CADH, 12, 13, 14, 17 y 18 CPC.

Artículo 17. Recursos.

Las resoluciones que se dicten con motivo de inhibitoria y recusación no tendrán recurso alguno.

Concordancias: 8 CADH, 13, 14, 16 y 65.1 CPC.

Artículo 18. Recusación de peritos y otros auxiliares judiciales

Los peritos designados por acuerdo entre partes no podrán ser recusados, salvo por causas sobrevinientes o ignoradas por las partes al momento de la escogencia. Las causas de impedimento les serán aplicables en cuanto fueran conducentes. Además, constituyen causales de separación la falta de idoneidad o pericia y haber vertido sobre el mismo asunto un dictamen contrario a una de las partes. La recusación de los peritos se tramitará por la vía incidental.

El presente régimen será aplicable, en lo pertinente, a los demás auxiliares judiciales.

Concordancias: 12, 13, 14, 16, 17, 44.3 y 58.2 CPC.

CAPÍTULO V
PARTES Y PRETENSIÓN

Artículo 19. Partes y capacidad

19.1. Condición de parte. Parte es la persona que interpone la pretensión procesal en nombre propio o en cuyo nombre se formula y la persona contra la cual se dirige. Podrán ser parte en los procesos los siguientes:

1. Las personas físicas.

2. El concebido no nacido, de la forma que señala el Código Civil.

3. Las personas jurídicas.

4. Las entidades sin personalidad jurídica a las que la ley reconozca capacidad para ser parte.

5. Los patrimonios separados a los que la ley reconozca capacidad para ser parte.

6. Los grupos organizados a los que se les reconoce legitimación de grupo.

7. Cualquiera que en interés de la colectividad haga valer intereses difusos.

19.2. Capacidad procesal y representación. Tendrán capacidad procesal quienes conforme a la ley posean capacidad de actuar. La capacidad, la participación y las garantías procesales de las personas menores de edad se regirán por lo que dispone el ordenamiento jurídico atinente a personas menores de edad y adolescentes.

Quienes conforme a la ley no tengan capacidad procesal gestionarán, por medio de sus representantes o de las personas autorizadas según la ley, sus estatutos o la escritura social. Los representantes deben demostrar su capacidad procesal desde su primera gestión. No tendrán obligación de presentar documento acreditativo de la representación en todos los procesos, aquellos usuarios a quienes se les autorice para ese efecto.

Cuando se demande a una persona jurídica con domicilio en el extranjero no es necesario acreditar su personería. La autoridad comisionada para notificar constatará lo relativo a la representación y la parte demandada deberá acreditarla en su primera gestión.

La falta de capacidad procesal y la defectuosa representación podrá ser apreciada de oficio u objetada por simple alegación de la parte en cualquier momento; de existir el defecto, podrá ser subsanado oportunamente.

19.3. Arraigo. Cuando exista fundado temor de que se ausente u oculte la persona contra quien se haya de establecer o se hubiera interpuesto una demanda, se podrá solicitar su arraigo. Al arraigado se le prevendrá nombrar un representante legítimo con facultades suficientes para representarlo en el proceso y señalar medio para atender notificaciones. En caso de negativa o de insuficiente representación, el proceso se seguirá válidamente sin su intervención y todas las resoluciones que se dicten se tendrán por notificadas de forma automática. Si el arraigado se apersona tomará el proceso en el estado en que se encuentre. No procede el arraigo, si la persona tuviera nombrado en el Registro Público un apoderado o representante con facultades suficientes para actuar en el proceso.

19.4. Nombramiento de curador procesal. Sin perjuicio de lo dispuesto en leyes especiales, será procedente el nombramiento de curador procesal cuando:

1. Se ignore el domicilio o lugar de ubicación del demandado y no se estuviera en el caso de declarar su ausencia.

2. Se trate de una persona jurídica que carezca de representante legítimo.

3. Existiera incompatibilidad o intereses contrapuestos entre representante y representado.

Cuando se trate de ausentes, de personas menores de edad o con capacidades especiales, se llamará a quienes, según la ley, corresponda ejercer la representación, para que dentro de cinco días manifiesten si están dispuestos a asumirla. Salvo que por las circunstancias sea imposible hacerlo, en la designación de curador procesal de personas menores de edad y personas con capacidades especiales se tomará en cuenta la opinión del futuro representado. Cuando conste en el expediente la dirección de los presuntos representantes, se les notificará personalmente o en su casa de habitación. Si no constara dirección, se les notificará por medio de un edicto que se publicará en el Boletín Judicial. El tribunal designará al representante entre quienes se apersonen. Cuando nadie comparezca en el plazo señalado, el tribunal designará curador.

El mismo procedimiento se seguirá cuando se trate de una persona jurídica que carezca de representante legítimo. El llamamiento se hará a los socios, asociados o a quienes corresponda designar representante, bajo el apercibimiento de que, de no acreditar tal nombramiento en el plazo señalado, el tribunal procederá a nombrar curador.

Cuando proceda el nombramiento de curador, en la misma resolución en que se designe se fijarán sus honorarios, según lo dispuesto por el decreto de honorarios de abogados y podrán girarse anticipos según la etapa del proceso y la labor desplegada.

Concordancias: 104 a 127 CNA, 46 y 50 Co Pol., 31 a 43 C.C., 27, 35.2, 35.4, 181.1 y 182 CPC.

Artículo 20. Patrocinio letrado y representación

20.1. Patrocinio letrado. En las audiencias las partes deberán actuar asistidas por un abogado, salvo que sean profesionales en derecho. En los actos escritos se requerirá la autenticación de un abogado y, si tal requisito se omitiera, los tribunales prevendrán la subsanación en un plazo de tres días o la ratificación escrita, bajo pena de declarar inatendible la gestión.

20.2. Abogado director y suplentes. Las partes deberán nombrar un abogado director judicial y, facultativamente, podrán designar uno o dos suplentes, sin que ello implique costo adicional de honorarios para el cliente. La misma regla, en cuanto a la designación de suplentes, se aplicará cuando la parte sea abogada. Los suplentes tendrán, en ausencia del director, sus mismas potestades, obligaciones y derechos.

La firma del abogado autenticante implicará, salvo manifestación expresa en contrario, dirección del proceso con las facultades de actuar en nombre de la parte para todo lo que le beneficie, siempre y cuando no se requiera poder especial judicial o la participación personal de la parte. El autenticante será responsable por el contenido de sus gestiones.

20.3. Apoderado judicial. Las partes podrán actuar en el proceso por medio de apoderado judicial. El poder especial judicial podrá ser otorgado mediante simple escrito y la firma del poderdante deberá ser autenticada por un abogado distinto del apoderado.

El poder judicial se entiende conferido para todo el proceso, salvo disposición en contrario.

20.4. Poderes de partes domiciliadas en el extranjero. Los poderes especiales judiciales otorgados en el extranjero se regirán por las normas de derecho internacional. Será válido el otorgado por cualquier medio que garantice su veracidad.

20.5. Gestor procesal. Se podrá comparecer judicialmente a nombre de una persona de quien no se tenga poder, cuando:

1. La persona por quien se comparece se encuentre impedida de hacerlo o ausente del país.

2. Quien comparezca sea su ascendiente, descendiente, pariente por consanguinidad o afinidad hasta el segundo grado, cónyuge, conviviente, socio o comunero, o que posea algún interés común que legitime esa actuación.

Si la parte contraria lo solicitara, el gestor deberá prestar caución suficiente para responder por sus actuaciones.

El gestor tiene la obligación de comunicarle al representado su actuación y esta solo tendrá validez si se ratifica la demanda o contestación dentro del mes de presentadas. Transcurrido dicho plazo, de oficio se ordenará archivar el proceso o se tendrá por no contestada la demanda, y se condenará al gestor al pago de costas, daños y perjuicios, que se liquidarán en el mismo proceso.

Concordancias: 1288 a 1294 C.C., 27, 35.1.9, 35.2, 50.2.1, 50.4 in fine CPC.

Artículo 21. Legitimación procesal

21.1. Parte legítima. Será parte legítima aquella que alegue tener o a quien se le atribuya una determinada relación jurídica con la pretensión.

21.2. Determinación de capacidad o legitimación. Como actividad previa al establecimiento de la demanda o dentro del proceso podrá plantearse solicitud para determinar o completar la capacidad o legitimación, cuando se desconoce o no se tiene certeza sobre la persona a quien se propone demandar. Para tal efecto, se podrá citar a cualquier persona a declarar bajo juramento sobre los hechos referentes a la capacidad y legitimación, identificando al sujeto legitimado. Los tribunales ordenarán las medidas necesarias para efectuar esa verificación.

21.3. Sustitución procesal. Solo en casos expresamente previstos en la ley se podrá reclamar en proceso, en nombre propio, un derecho ajeno.

21.4. Sucesión procesal. Para que opere la sucesión procesal, se observarán las siguientes reglas:

1. Si la parte muriera, el proceso continuará con el albacea.

2. Si se ausentara o inhabilitara, continuará con el representante. Si careciera de él, será designado en el mismo proceso.

3. Disuelta una sociedad el proceso continuará con el liquidador. En caso de fusión o transformación, con el nuevo representante.

4. Tratándose de personas sometidas a concurso, el proceso continuará con quien asuma la representación del concursado.

5. La enajenación de la cosa o del derecho litigioso a título particular, por acto entre vivos, permite al adquirente o cesionario suceder al enajenante o cedente. Si la parte contraria recurre la resolución que la admite y se acepta la oposición, el adquirente o cesionario podrá intervenir como tercero o litisconsorte, según corresponda. En todo caso, el transmitente continuará como parte para todos los efectos procesales que beneficien a la contraria.

Concordancias: 1117 a 1123 C.C., 19, 22, 35.4 in fine, 35.5.5 y 55 CPC. 17.4, 3.7, 23.1, 24.11 Ley Concursal.

Artículo 22. Pluralidad de partes y personas

22.1. Litisconsorcio necesario. Cuando por disposición de la ley o por la naturaleza de la relación jurídica material, la decisión deba hacerse con varias personas, estas deberán demandar o ser demandadas en el mismo proceso.

Los tribunales ordenarán a la parte que dentro de cinco días amplíe su demanda o contrademanda contra quienes falten, bajo el apercibimiento de dar por terminado el proceso en cuanto a la demanda o contrademanda, según corresponda.

El demandante, al integrar la litis, solo podrá añadir a las alegaciones de la demanda inicial aquellas otras imprescindibles para justificar las pretensiones contra los nuevos demandados, sin alterar sustancialmente lo pedido.

22.2. Litisconsorcio facultativo. Dos o más personas pueden litigar en un mismo proceso de forma conjunta, sea activa o pasivamente, cuando sus pretensiones sean conexas por su causa u objeto.

22.3. Intervención excluyente. Quien pretenda para sí, en todo o en parte, la cosa o derecho sobre los cuales se sigue un proceso ordinario, podrá ejercitar su pretensión por medio de una demanda contra las partes del proceso pendiente.

La demanda de intervención se tramitará conjuntamente con el principal y solo podrá formularse antes de la audiencia preliminar. Se emplazará a las partes originarias y el pronunciamiento sobre la intervención excluyente se hará en sentencia, en cuyo caso el tribunal deberá pronunciarse primero sobre la intervención y luego sobre la demanda principal.

22.4. Intervención adhesiva. Un tercero podrá intervenir en un proceso, sin alegar derecho alguno, solo con el fin de coadyuvar a la victoria de una parte, por tener un interés jurídico propio en el resultado. La intervención podrá formularse hasta antes de la sentencia de primera instancia. Si la solicitud de intervención se efectúa en audiencia, será resuelta en esta de forma inmediata. Si se hace fuera de audiencia, se tramitará por la vía incidental.

22.5. Llamada al garante o al poseedor mediato. Cada una de las partes podrá llamar al proceso a un tercero respecto del cual pretende una garantía. Deberá demostrar el derecho con documento y la sentencia deberá emitir pronunciamiento sobre la garantía exigida, la cual producirá, en cuanto al garante, la autoridad y eficacia de la cosa juzgada material. La intervención del garante no confiere ningún derecho a la parte contraria sobre él, salvo la responsabilidad relativa a costas.

Quien tuviera el bien en nombre ajeno, siendo demandado en nombre propio, deberá manifestarlo en la contestación, a cuyo efecto dará los datos de identificación y domicilio del titular para que se le cite.

Las citaciones anteriores deberán solicitarse antes de concluida la audiencia preliminar. El tribunal concederá al garante o al poseedor, según sea el caso, un plazo de cinco días para que intervenga en el proceso. Si uno u otro asumiera ser parte, el citante podrá solicitar, si fuera procedente, que se le excluya del proceso para lo cual se necesitará la aceptación de la parte actora.

22.6. Patronato Nacional de la Infancia y Procuraduría General de la República. Conforme a lo dispuesto en la ley y con las facultades que en esta se determina, en los procesos podrán ser parte o se les dará intervención, según corresponda, al Patronato Nacional de la Infancia y a la Procuraduría General de la República.

Concordancias: Ley Orgánica PANI, CDNi, 104 a 127 CNA, 12 CPCA, 8.5, 19, 21, 23.2, 37.3.3 CPC.

Artículo 23. Pretensiones

23.1. Pretensión procesal. Se podrá pretender ante los tribunales la condena a determinada prestación, la declaratoria de existencia, constitución, modificación o extinción de derechos y situaciones jurídicas, la adopción de medidas cautelares, la ejecución y cualquier otra clase de tutela prevista por la ley.

23.2. Acumulación de pretensiones. En una demanda o contrademanda podrán proponerse varias pretensiones, siempre que haya conexión entre estas, que no se excluyan entre sí y que el tribunal sea competente para conocer de todas.

Si fueran excluyentes, podrán acumularse como principales y subsidiarias. Si se hubieran acumulado varias pretensiones indebidamente, se requerirá a la parte para que se subsane el defecto en el plazo de cinco días, manteniendo las pretensiones cuya acumulación fuera posible. Transcurrido el plazo sin que se produzca la subsanación o se mantuviera la circunstancia de no acumulabilidad entre las pretensiones escogidas por el accionante, se declarará inadmisible.

No obstante, por única vez, el tribunal podrá hacer una segunda prevención en casos excepcionales, cuando sea evidente la intención de la parte de subsanar el defecto señalado.

Declarada inadmisible la demanda subsistirá la contrademanda y viceversa. Al incumpliente se le condenará al pago de las costas causadas.

Concordancias: 35.4 párrafo primero, 35.6, 37.3.4 y 38 CPC.

TÍTULO II
ACTIVIDAD PROCESAL

CAPÍTULO I
ACTOS PROCESALES

SECCIÓN I
DISPOSICIONES GENERALES

Artículo 24. Informalidad, idioma, recibo y utilización de medios tecnológicos

24.1. Informalidad. Los actos procesales no estarán sujetos a formas determinadas, sino cuando la ley expresamente lo exija.

24.2. Idioma. En todos los actos procesales será obligatorio el uso del idioma español. De los documentos redactados en otro idioma deberá acompañarse su traducción. A quienes no hablen español o no puedan comunicarse oralmente se les tomará declaración por los medios que sean pertinentes, de acuerdo con las circunstancias. Cuando sea necesario, se hará con el auxilio de un intérprete, cuyo costo estará a cargo de la parte proponente, salvo en los casos que deba suplirse gratuitamente.

24.3. Recibo. De toda gestión se extenderá inmediatamente acuse de recibo por parte del despacho, por medios tecnológicos cuando ingresen de esa forma, o bien, por medio de constancia en una copia física que el gestionante presentará para ese fin. La razón deberá indicar al menos lo que se reciba, la hora y fecha de recepción, así como identificación del despacho.

24.4. Actuación procesal por medios tecnológicos. Sujeto al acatamiento de los mecanismos de autenticación y seguridad establecidos, los tribunales, las partes y demás intervinientes en el proceso podrán utilizar los medios tecnológicos autorizados para la realización de cualquier acto procesal, aun para la recepción de prueba.

Cuando la tramitación de un proceso se haga por medios tecnológicos y se presenten peticiones o documentos para incorporar a la tramitación, estos serán escaneados con constancia de que están siendo utilizados en un proceso y se devolverán a los interesados, quienes tienen la obligación de custodiarlos y presentarlos al tribunal, cuando sean requeridos.

El incumplimiento de la orden de presentación de documentos permitirá tener por ciertas las objeciones que se hagan en perjuicio del omiso o la adopción de las medidas conminatorias que sean pertinentes, de acuerdo con las circunstancias.

Concordancias: 2.7, 27, 35.1, 37.1, 41, 41.4.5, 41.4.8, 43.1 in fine, 45 CPC.

Artículo 25. Formación, reposición y publicidad de expedientes

25.1. Carpeta tecnológica. Las gestiones, resoluciones y actuaciones del proceso darán lugar a la formación de una carpeta informática ordenada secuencial y cronológicamente. Se formará, consultará y conservará por medios tecnológicos. Se autoriza a la Corte Suprema de Justicia para que disponga cómo se formarán los expedientes, se respaldarán los actos procesales y se adecuarán a los avances tecnológicos.

25.2. Expediente físico. Cuando sea necesario, se creará un único expediente físico para cada proceso, en el que se conservarán y consultarán las piezas que por su naturaleza no sea posible incorporar al principal. Este expediente se mantendrá debidamente foliado. A excepción del documento base en los procesos donde se requiera el original, de los documentos privados originales que se aporten solo quedará copia y estos les serán devueltos a sus titulares, quienes deberán presentarlos cuando el tribunal lo ordene.

25.3. Reposición de actuaciones. Si se llegara a perder o a extraviar el expediente será repuesto inmediatamente y por cualquier medio a costa del culpable, quien pagará, además, los daños y perjuicios. Al efecto, el tribunal ordenará a las partes aportar copias de las piezas anteriormente presentadas. De ser necesario, se repondrán las pruebas indispensables para decidir con arreglo a derecho.

Cuando no exista copia o respaldo de las actuaciones perdidas o extraviadas, el tribunal ordenará que se repongan; para ello, practicará las actuaciones necesarias que determinen su preexistencia y contenido. Cuando la reposición no sea posible, si fuera indispensable, se mandará a repetir los actos prescribiendo, de acuerdo con las circunstancias, el modo de hacerlo.

25.4. Publicidad de las actuaciones escritas. Todo expediente será de acceso a las partes, los abogados, los asistentes del abogado director debidamente autorizados por este y a quienes la ley les otorgue esa facultad. Se deberá mantener, permanentemente, un medio ágil para la consulta del expediente.

Concordancias: 243 LOPJ, 2.10, 27.1, 28, 29, 31 CPC.

Artículo 26. Lugar y tiempo de las actuaciones

26.1. Lugar. Las actuaciones se realizarán en la sede del tribunal, salvo aquellas que por su naturaleza o disposición legal se deban practicar en otro lugar.

26.2. Días y horas hábiles. Todos los días y horas son hábiles para las actuaciones judiciales, salvo aquellos que por disposición de la ley o de los órganos competentes hayan sido declarados inhábiles. Cuando las circunstancias lo ameriten, se podrá señalar y continuar audiencias en horas y días inhábiles.

26.3. Inicio de las actuaciones judiciales. Cuando se señale una hora precisa para practicar actuaciones judiciales, estas deberán iniciar a la hora exacta. En situaciones excepcionales, a criterio del tribunal, podrán comenzar quince minutos después de la hora fijada. Podrán iniciar aun más tarde, cuando exista causa justa o no haya oposición fundada de una de las partes.

Concordancias: 2.7, 2.8, 5.2, 30.5, 41.4.7, 50 CPC.

SECCIÓN II
ACTOS DE PARTE

Artículo 27. Gestiones escritas y efectos

27.1. Firma. Cuando las gestiones de las partes deban hacerse por escrito llevarán su firma. Si una persona estuviera imposibilitada, otra lo hará a su ruego, su rúbrica será autenticada por un abogado y el gestionante estampará su huella digital, salvo imposibilidad absoluta.

Cuando se utilicen medios telemáticos, informáticos o de nuevas tecnologías, la autorización del documento se hará de la forma establecida por la ley o por la Corte Suprema de Justicia, según se dispone en la Ley N.° 7333, Ley Orgánica del Poder Judicial, de 5 de mayo de 1993.

27.2. Copias. Cuando sea posible presentar documentos o escritos por medios telemáticos, informáticos o de nuevas tecnologías, o fueran incorporados a la carpeta escaneados o por otros medios, no se requerirá la presentación de copias.

De los demás escritos y documentos que se presenten se acompañarán tantas copias como personas litigantes haya. Las copias de planos se reducirán al tamaño de papel carta. De los documentos se presentará una copia más para que figure en el expediente. Se considerarán, como una sola persona litigante, los que litiguen unidos y bajo una misma representación. Si no se presentaran las copias de la forma establecida o se presentaran incompletas, sucias, con borrones, ilegibles o extendidas en retazos de papel, el tribunal ordenará que se presenten como corresponde dentro del tercer día, bajo el apercibimiento de no atender la gestión en su omisión. El presentante será el responsable de su exactitud. No habrá necesidad de acompañar copias de libros o folletos pero estos deberán estar a disposición de los litigantes. Para la presentación y conservación de copias se puede utilizar cualquier medio tecnológico.

27.3. Efectos. Los actos procesales de las partes, una vez recibidos de manera efectiva por el despacho competente, producirán inmediatamente la constitución, modificación o extinción de derechos y deberes procesales, salvo disposición legal en contrario.

Concordancias: 20.1, 24.3, 25.1, 45 CPC.

SECCIÓN III
ACTOS DEL TRIBUNAL

Artículo 28. Forma y firma de las resoluciones

28.1. Forma. En las resoluciones y actuaciones se identificará al tribunal y se consignará el lugar, la hora, la fecha, el número de proceso, el nombre de los jueces y el número de resolución, cuando sea necesario. Las resoluciones deberán ser fundamentadas, claras, precisas, concretas y congruentes con lo solicitado o previsto por la ley.

28.2. Firma. En los tribunales unipersonales, todas las resoluciones serán firmadas por el juez. Tratándose de órganos colegiados, las providencias las firmará el informante. Corresponde a todos los integrantes firmar los autos y las sentencias. Cuando un integrante de un tribunal tuviera algún tipo de imposibilidad para firmar, se dejará constancia.

En los procesos que se tramiten por medios informáticos, telemáticos o de nuevas tecnologías, la firma de las actuaciones serán las propias del medio, según lo disponga la ley o la Corte Suprema de Justicia.

Concordancias: 25.1, 26, 50.5, 58 a 61, 61.2 CPC.

Artículo 29. Comunicación de los actos procesales y auxilio judicial

29.1. Notificación de las resoluciones orales. La comunicación de las resoluciones dictadas en audiencia se hará de forma oral en el acto y se tendrán por notificadas en ese momento.

29.2. Notificación de las resoluciones escritas. La comunicación de las resoluciones escritas se efectuará conforme a lo dispuesto en la ley.

29.3. Comunicación mediante edicto. Las comunicaciones se realizarán mediante edicto únicamente cuando la ley lo establezca. Salvo disposición en contrario, la publicación se hará una vez y en el Boletín Judicial.

29.4. Auxilio judicial. Los tribunales deberán prestarse auxilio en las actuaciones que ordenadas por uno requieran la colaboración de otro. Podrán pedir cooperación a cualquier funcionario administrativo que ejerza sus funciones en el territorio de la República. Se prohíbe el auxilio judicial cuando se trate de práctica de prueba o de actos propios de una audiencia que vulneren el principio de inmediación.

Concordancias: 1, 4, 5, 6, 7, 9 y 12 LNJ, 18 C.CO., 2.7, 9.2, 41.4.6, 59, 60, 66 y 67 CPC.

SECCIÓN IV
PLAZOS

Artículo 30. Plazos

30.1. Improrrogabilidad, prórroga e interrupción de los plazos. Los plazos establecidos en este Código son improrrogables, salvo disposición legal en contrario. Cuando se permita la prórroga deberá solicitarse antes de su vencimiento. Lo que se resuelva carecerá de recurso.

Los plazos podrán interrumpirse por caso fortuito o fuerza mayor, reiniciándose en el momento en que hubiera cesado la causa. Su concurrencia será apreciada por el tribunal de oficio o a instancia de la parte que la sufrió. No serán eficaces dichos motivos, cuando se aleguen por la parte que ha gestionado después de ocurridos o no se invoquen dentro de los cinco días después de haber cesado.

30.2. Plazo perentorio. El tribunal rechazará de plano toda gestión que se haga cuando hubiera vencido un plazo perentorio. Estos plazos no pueden ser reducidos ni prorrogados, ni aun por acuerdo de partes.

30.3. Renuncia, ampliación o restricción. Los plazos pueden renunciarse, ampliarse o restringirse con el consentimiento de las partes, salvo disposición legal en contrario.

30.4. Plazos judiciales. Cuando este Código sea omiso, en cuanto a la duración de un plazo, este será establecido por el tribunal, tomando en cuenta la naturaleza del proceso, la importancia y las condiciones del acto. Igual potestad tendrá cuando el plazo deba establecerse entre un máximo y un mínimo.

30.5. Conteo de plazos. Salvo que la ley determine otro punto de partida, los plazos comenzarán a correr a partir del día hábil inmediato siguiente a aquel en el que hubiera quedado notificada la resolución a todas las partes. Cuando se fije el plazo de veinticuatro horas, se entenderá reducido a las que fueran de despacho el día en que comienza a correr.

Los plazos por días se entiende que han de ser hábiles. Los plazos por años o meses se contarán según el calendario, sea, de fecha a fecha.

Cuando el ordinal del día de partida no exista en el mes de vencimiento, el plazo concluirá el último día de este. Si el día final de un plazo fuera inhábil, se tendrá por prorrogado hasta el día hábil siguiente; la misma regla se aplicará cuando se declare asueto parte de ese día final.

En todo plazo el día de vencimiento se tendrá por concluido, para efectos de presentaciones escritas, en el instante en que según la ley deba cerrar la oficina en donde deba hacerse la presentación. Las gestiones por medios electrónicos podrán presentarse válidamente hasta el final del día.

Serán admisibles y válidas las gestiones presentadas y las actuaciones iniciadas a la hora exacta en que se cierran las oficinas judiciales. Las gestiones presentadas después de la hora exacta de cierre se tendrán por efectuadas el día hábil siguiente, salvo disposición legal en contrario.

Para determinar la hora de realización del acto se estará al reloj del tribunal o a lo que se desprenda de los sistemas tecnológicos de que disponga el Poder Judicial.

Concordancias: 2.4, 2.9, 3.1, 25.1 y 26.2 CPC.

SECCIÓN V
ACTIVIDAD DEFECTUOSA Y SUBSANACIÓN

Artículo 31. Subsanación y conservación

31.1. Subsanación. Los defectos de los actos procesales deberán ser subsanados siempre que sea posible. Se convalidarán y se tendrán por subsanados cuando no se hubiera reclamado la reparación del vicio en la primera oportunidad hábil.

31.2. Conservación. Cuando sea imprescindible la declaratoria de nulidad se procurará evitar la eliminación innecesaria, pérdida o repetición de actos o etapas del proceso. Se conservarán todas las actuaciones que en sí mismas sean válidas, de modo que puedan ser aprovechadas una vez que el proceso se ajuste a la normalidad. La nulidad de un acto no conlleva la de las actuaciones que sean independientes de aquel. La nulidad de una parte de un acto no afecta a las otras que son independientes de ella ni impide que produzcan los efectos para los cuales el acto es idóneo, salvo disposición legal en contrario.

Concordancias: 2.2, 2.5 in fine, 24.1, 32, 32.2.1 y 33 CPC.

Artículo 32. Procedencia e improcedencia de la nulidad

32.1. Procedencia. La nulidad de los actos procesales solo se decretará cuando se cause indefensión.

32.2. Improcedencia de la nulidad. No podrá declararse la nulidad en los siguientes supuestos:

1.- Sea posible la subsanación del acto defectuoso.

2.- Si el acto, aunque irregular, ha logrado el fin para el que estaba destinado.

3.- Si quien la pide es la parte que concurrió a causarla o no ha sufrido perjuicios por la violación.

4.- Se trate de solicitudes de nulidad reiterativas de otras denegadas.

Cuando sea evidente que una solicitud de nulidad está comprendida en uno de los supuestos anteriores, se rechazará de plano.

Concordancias: 8 CADH, 2.2, 5.3 y 31.2 CPC.

Artículo 33. Procedimiento de la nulidad

33.1. Momento en que puede pedirse y declararse. La nulidad de los actos defectuosos podrá declararse de oficio en cualquier estado del proceso. Cuando la nulidad se alegue en vía incidental, por imposibilidad de hacerlo con los recursos o en audiencia, deberá interponerse dentro de los cinco días siguientes al del conocimiento del acto defectuoso.

Salvo el caso de nulidades por vicios esenciales e insubsanables precluirá el derecho de alegarla, si no se formula en el momento que corresponde.

33.2. Procedimiento de la nulidad. La nulidad de las actuaciones practicadas en audiencia se alegarán inmediatamente después de finalizado el acto que se considera defectuoso. En ese momento, se resolverán siguiendo el procedimiento incidental oral.

Se seguirá el procedimiento incidental escrito, cuando la nulidad se establezca contra actuaciones practicadas fuera de audiencia y cuando, por la naturaleza del acto o por otra circunstancia, no corresponda o haya sido imposible hacerlo por vía de recursos o en la audiencia.

La nulidad de las resoluciones, por vicios intrínsecos a ellas, deberá alegarse concomitantemente con los recursos que quepan.

Cuando la nulidad se refiera a las actuaciones de un tribunal superior, el competente para decretarla será este último.

Las nulidades alegadas sobre las que se haya resuelto en la audiencia de saneamiento no podrán ser presentadas de nuevo.

33.3. Alegación de nulidad con posterioridad a la sentencia firme. La nulidad solo podrá alegarse con posterioridad a la sentencia firme o a la conclusión del proceso, por vía incidental, cuando se sustente en una de las causales por las que es admisible la demanda de revisión, siempre que se trate de procesos en los que la revisión no proceda. Solo será admisible este incidente, si se planteara dentro de los tres meses posteriores al conocimiento de la causal, del momento en que debió conocerla o pudo hacerla valer la parte perjudicada.

Concordancias: 2.2, 2.5 in fine, 2.9, 5.3, 24.1, 31.2, 32, 32.2.1, 113 CPC.

SECCIÓN VI
SUSPENSIÓN DEL PROCEDIMIENTO

Artículo 34. Suspensión

La suspensión del procedimiento únicamente se decretará por acuerdo de partes, por prejudicialidad y en los casos previstos por la ley.

34.1. Acuerdo de partes. Las partes, de común acuerdo, podrán pedir la suspensión del procedimiento. El tribunal solo la decretará por un plazo máximo de dos meses prorrogable por un período igual, cuando no se vulnere el principio de inmediación y no se perjudique el interés general o a terceros.

34.2. Prejudicialidad. La existencia de un proceso penal en ningún caso dará lugar a prejudicialidad.

Cuando para resolver sobre el objeto del litigio sea necesario decidir acerca de alguna cuestión que a su vez constituya el objeto principal de otro proceso no penal pendiente ante el mismo o distinto tribunal, si no fuera posible la acumulación de procesos, el tribunal, de oficio o a solicitud de parte, podrá decretar la suspensión del curso de las actuaciones. Cuando se haya ordenado instruir proceso penal por falsedad del documento base de una ejecución hipotecaria y prendaria, el remate no se aprobará mientras no haya finalizado el proceso penal. Quedará a opción del oferente mantener o no la propuesta, cuando al efectuarse el remate no se tuviera conocimiento de la existencia del proceso penal.

Concordancias: 2.4, 2.7, 8.5, 30 y 163 CPC.

SECCIÓN VII
ACTOS DE ALEGACIÓN Y PROPOSICIÓN

Artículo 35. Demanda

35.1. Forma y contenido de la demanda. La demanda deberá presentarse por escrito y obligatoriamente contendrá:

1. La designación del órgano destinatario, el tipo y la materia jurídica del proceso planteado.

2. El nombre, las calidades, el número del documento de identificación, el domicilio exacto de las partes y cualquier otra información que sea necesaria. Cuando la parte sea una persona física, se indicará el sitio exacto de residencia.

3. Narración precisa de los hechos, expuestos uno por uno, numerados y bien especificados. Deberán redactarse ordenadamente, con claridad, precisión y de forma cronológica, en la medida de lo posible.

4. Cuando se reclamen daños y perjuicios, la indicación de forma separada de su causa, descripción y estimación de cada uno.

5. El fundamento jurídico de las pretensiones.

6. El ofrecimiento detallado y ordenado de todos los medios de prueba. Si se propusiera prueba testimonial, se deberá indicar, sin interrogatorio formal, los hechos sobre los cuales declarará el testigo. En la pericial indicará los temas concretos de la pericia y la especialidad del experto. Cuando la prueba conste en un registro público, con acceso por medios informáticos, la parte interesada en esta prueba señalará la forma de identificarla en el registro, para que el juez que deba recibirla pueda acceder a ella en el momento en que la necesite y poner las constancias respectivas en la tramitación del proceso.

7. La formulación clara, precisa e individualizada de las pretensiones. Las pretensiones formuladas subsidiariamente, para el caso de desestimación de las principales, se harán constar por su orden y separadamente.

8. La estimación justificada de la demanda en moneda nacional. Cuando existan pretensiones en moneda extranjera se usará el tipo de cambio respectivo al momento de su presentación, sin perjuicio de que en sentencia se pueda conceder lo pedido en la moneda solicitada.

9. El nombre del abogado responsable de la dirección del proceso y el de los suplentes.

10. El señalamiento de medio para recibir las comunicaciones futuras.

11. La firma de la parte o de su representante.

35.2. Presentación de documentos con la demanda. Con la demanda deben adjuntarse los documentos que se ofrezcan. Las partes podrán solicitar el auxilio de los tribunales para traer documentos de imposible obtención. El diligenciamiento siempre estará a cargo y responsabilidad del solicitante.

Si los documentos presentados justificativos de la capacidad procesal tuvieran algún defecto, el tribunal prevendrá su subsanación en el plazo de cinco días, bajo apercibimiento de declarar inadmisible la demanda. Si los documentos constaran en un registro público, con acceso por medios informáticos, la parte interesada en acreditarla señalará al tribunal la forma de constatarla.

35.3. Estimación. La estimación se fijará según el interés económico de la demanda. Para ese efecto, se tomará como base:

1. En las pretensiones sobre bienes muebles o inmuebles el valor del objeto de la pretensión que conste documentalmente y, en caso contrario, el valor que con fundamento en parámetros objetivos le dé el actor.

2. En las ejecuciones hipotecarias o prendarias el monto del crédito reclamado. Si se tratara de cédulas hipotecarias, el valor lo determinará el monto total de la obligación por el que fueron emitidas.

3. Si se reclama una cantidad de dinero, la cuantía de la demanda estará representada por la suma reclamada.

4. Si se pretende el cobro de daños y perjuicios, solo se tomarán en cuenta los producidos hasta la presentación de la demanda.

5. Cuando la pretensión verse sobre la constitución, existencia, modificación, validez, eficacia o extinción de un título obligacional, su valor se calculará por el total de lo debido, aunque sea pagadero a plazos. Igual regla se aplicará cuando se reclame el cumplimiento de obligaciones personales.

6. Tratándose de pretensiones personalísimas y de no hacer, servirá de base el importe de los daños y perjuicios, aun cuando se reclame su cumplimiento. Cuando la demanda tenga por objeto prestaciones de hacer, servirá de parámetro el costo de aquello cuya realización se inste o el importe de los daños y perjuicios derivados del incumplimiento.

7. En los procesos relativos a una herencia o a un conjunto de masas patrimoniales o patrimonios separados se aplicarán las reglas anteriores respecto de los bienes, derechos o créditos que figuren comprendidos en la herencia o en el patrimonio objeto del litigio.

8. En las demandas de desahucio o sobre prestaciones periódicas, perpetuas o indefinidas, el valor de la renta o prestación de un semestre.

9. Se considerarán inestimables los procesos concursales y aquellos que por su naturaleza la cuantía sea de imposible determinación, aunque tuvieran trascendencia económica.

35.4. Demanda defectuosa. Si la demanda no cumple los requisitos legales, el tribunal los puntualizará todos de una vez y ordenará su corrección en el plazo de cinco días. Si la prevención no se cumple, se declarará la inadmisibilidad de la demanda y se ordenará su archivo. No obstante, por única vez, se podrá hacer una segunda prevención en casos excepcionales, cuando sea evidente la intención de la parte de subsanar los defectos señalados.

El demandado, dentro del emplazamiento, podrá pedir que se corrijan los defectos de la demanda o se subsane cualquier vicio de capacidad o representación de la parte actora. La petición deberá ser resuelta de inmediato. Si la corrección implica cambios sustanciales en la demanda se conferirá un nuevo emplazamiento, el cual se notificará donde la parte haya señalado.

35.5. Demanda improponible. Será rechazada, de oficio o a solicitud de parte, mediante sentencia anticipada dictada al inicio o en cualquier estado del proceso, la demanda manifiestamente improponible.

Será improponible la demanda cuando:

1. El objeto o la pretensión sean evidentemente contrarios al ordenamiento, imposibles, absurdos o carentes de interés.

2. Se ejercite en fraude procesal o con abuso del proceso.

3. Exista caducidad.

4. La pretensión ya fue objeto de pronunciamiento en un proceso anterior con autoridad de cosa juzgada, de modo que el nuevo proceso sea reiteración del anterior.

5. Quien la propone carece de forma evidente de legitimación.

6. En proceso anterior fue renunciado el derecho.

7. El derecho hubiera sido conciliado o transado con anterioridad.

8. El proceso se refiera a nulidades procesales que han debido alegarse en el proceso donde se causaron.

9. Sea evidente la falta de un presupuesto material o esencial de la pretensión.

Previo a la declaratoria de improponibilidad se concederá audiencia hasta por un plazo de tres días.

35.6. Modificación o ampliación de la demanda. La demanda podrá ser modificada o ampliada en cuanto a las partes, hechos, pretensiones y pruebas, antes de la contestación o de que haya vencido el plazo para contestar. Dicha ampliación será posible, de común acuerdo entre partes, antes de que concluya la audiencia preliminar. El emplazamiento deberá hacerse de nuevo.

En el proceso ordinario después de la contestación o de la réplica, y hasta antes de celebrarse la audiencia de prueba, podrá ampliarse la demanda o reconvención, en cuanto a los hechos, cuando ocurriera alguno de influencia notoria en la decisión o hubiera llegado a conocimiento de la parte alguno de la importancia dicha y del cual asegurara no haber tenido conocimiento antes.

Esta gestión se tramitará en el principal, sobre ella se emplazará por tres días a la parte contraria, la prueba se practicará en la audiencia respectiva y se resolverá en sentencia.

En proceso ordinario, hasta antes del inicio de la audiencia de prueba, por una única vez, será posible ampliar o modificar la demanda y la contrademanda en cuanto a las partes, hechos, pretensiones y prueba, cuando un hecho nuevo determine la imposibilidad de conservar en todo o en parte la pretensión original. Sobre la procedencia de la ampliación se resolverá en la audiencia de prueba. Si se admitiera se realizarán los actos procesales que sean necesarios para garantizar el debido proceso.

Concordancias: 8 CADH, 24, 27, 32, 35.1, 35.3, 35.6, 38, 41.3, 43.1, 44.1, 45, 45.4, 46.1, 51, 52, 53, 64, 101, 102.3, 103, 104, 105, 106 a 109, 110.1, 113.1, 115 y 136 CPC

Artículo 36. Emplazamiento

36.1. Contenido. Si la demanda es admisible, el tribunal emplazará al demandado para su contestación. En la resolución respectiva indicará el plazo y la forma en que debe hacerlo y las consecuencias, en caso de omisión.

36.2. Efectos. Los efectos del emplazamiento, tanto materiales como procesales, se producen a partir de su notificación.

Son efectos materiales:

a) La interrupción de la prescripción que se mantendrá hasta la sentencia definitiva. Si la demanda es declarada inadmisible después del emplazamiento, la interrupción se tiene por no operada.

b) Constituir en mora al demandado, salvo que por ley ya lo estuviera.

c) Impedir que el demandado haga suyos los frutos de la cosa, si fuera condenado a entregarla.

Son efectos procesales:

1. Prevenir al tribunal en el conocimiento del proceso.

2. Sujetar a las partes a la competencia del tribunal, si el demandado no la objeta.

Concordancias: 8 CADH, 327 y 876 inc. 2 CCI, 7.1, 30.2, 35.1, 35.4 CPC.

Artículo 37. Contestación negativa de la demanda

37.1. Forma y contenido. El demandado deberá contestar la demanda por escrito, dentro del emplazamiento, aun cuando se formule cualquier excepción procesal, recusación o alegación de cualquier naturaleza. Contestará todos los hechos de la demanda en el orden en que fueron expuestos, expresando de forma razonada si los rechaza por inexactos, si los admite como ciertos, con variantes o rectificaciones, o si los desconoce de manera absoluta. También, manifestará con claridad su posición en cuanto a la pretensión y su estimación, los fundamentos legales y la prueba presentada y propuesta por el actor.

Ofrecerá y presentará todas sus pruebas de la misma forma prevista para la demanda.

Si no contesta los hechos de la forma dicha, el tribunal le prevendrá, con indicación de los defectos, que debe corregirlos dentro de quinto día. Si el demandado incumple esta prevención, se tendrán por admitidos los hechos sobre los que no haya dado respuesta de la forma expresada.

37.2. Momento y forma para interponer las excepciones. Las excepciones procesales y materiales deberán oponerse con la contestación y debidamente razonadas. Podrán invocarse excepciones materiales hasta en la audiencia de prueba, cuando los hechos hubieran ocurrido con posterioridad a la contestación o llegado a conocimiento del demandado después de expirado el plazo para contestar. Estas excepciones se sustanciarán en la audiencia de prueba. En procesos ordinarios, las excepciones de cosa juzgada, transacción y caducidad podrán formularse hasta antes de que inicie la alegación de conclusiones.

37.3. Excepciones procesales. Solo son admisibles como excepciones procesales las siguientes:

1. Falta de competencia.

2. Acuerdo arbitral.

3. Litisconsorcio necesario incompleto.

4. Indebida acumulación de pretensiones.

5. Litispendencia

Serán rechazadas de plano aquellas que sean evidentemente improcedentes y las que se presenten sin prueba o sin su ofrecimiento, cuando esta sea necesaria. Se declarará sin lugar de forma inmediata, cuando se haya ordenado practicar prueba y esta no se haya efectuado en el momento oportuno.

Cuando sea necesario practicar prueba de las excepciones procesales, estas se resolverán en audiencia o en la primera audiencia, según corresponda. En los demás casos, se seguirá el procedimiento incidental fuera de audiencia.

Concordancias: 18 a 23 Ley RAC, 8, 8.6, 14, 19.2 in fine, 21.1 a 37, 64, 102.3.5, 102.5, 102.5.2, 113 CPC.

Artículo 38. Reconvención y réplica

38.1. Reconvención. El demandado podrá reconvenir al actor pero únicamente en el escrito donde conteste la demanda y podrá traer al proceso como reconvenido a quien no sea actor. La demanda y la reconvención deberán ser conexas o ser consecuencia del resultado de la demanda. La reconvención deberá reunir los mismos requisitos del de la demanda. Si fuera defectuoso, se prevendrá su corrección en los mismos términos de la demanda. Salvo disposición legal en contrario, la reconvención solo será admisible en procesos ordinarios.

38.2. Réplica. Si la reconvención fuera admisible, se concederá al reconvenido un plazo igual al del emplazamiento de la demanda para la réplica, la que deberá tener los mismos requisitos de la contestación.

Concordancias: 3.5.4, 8.5, 23.2, 35.1, 36, 37.1, 37.3 CPC

Artículo 39. Falta de contestación y allanamiento

La falta de contestación del demandado permitirá tener por acreditados los hechos, en cuanto no resulten contradichos por la prueba que conste en el expediente. El rebelde podrá comparecer en cualquier momento pero tomará el proceso en el estado en que se encuentre.

Si el demandado se allanara a lo pretendido en la demanda u omite contestarla, o la contesta extemporáneamente, se dictará sentencia anticipada sin más trámite, salvo si hubiera indicios de fraude procesal, si la cuestión planteada fuera de orden público, se tratara de derechos indisponibles o fuera indispensable recibir prueba para resolver, en cuyo caso se continuará con el procedimiento.

Si el allanamiento fuera parcial se dictará sin más trámite sentencia anticipada sobre los extremos aceptados y podrá ser ejecutada de inmediato, en legajo separado. El proceso seguirá su curso normal en cuanto a los extremos no aceptados.

Concordancias: 6, 37, 41.5, 60 CPC.

Artículo 40. Demanda y contestación conjunta

El actor y el demandado podrán presentar la demanda y su contestación de manera conjunta. En tal caso, se entiende renunciado el emplazamiento y se dictará sentencia, si fuera de pleno derecho. Si hubiera hechos controvertidos que requieran prueba, se ordenará su práctica y se realizarán los actos propios de esta audiencia.

Concordancias: 2.4, 35, 36, 37 41.3 y 60 CPC

SECCIÓN VIII
PRUEBA

Artículo 41. Disposiciones generales sobre prueba

41.1. Carga de la prueba. Incumbe la carga de la prueba:

1. A quien formule una pretensión, respecto de los hechos constitutivos de su derecho.

2. A quien se oponga a una pretensión, en cuanto a los hechos impeditivos, modificativos o extintivos del derecho del actor.

Para la aplicación de lo dispuesto en los incisos anteriores de este artículo, se deberá tener presente la disponibilidad y facilidad probatoria que corresponde a cada una de las partes, de acuerdo con la naturaleza de lo debatido.

Las normas precedentes se aplicarán siempre que una disposición legal expresa no distribuya con criterios especiales la carga de la prueba.

41.2. Medios de prueba. Son admisibles como medios de prueba los siguientes:

1. Declaración de parte.

2. Declaración de testigos.

3. Dictamen de peritos.

4. Documentos e informes.

5. Reconocimiento judicial.

6. Medios científicos y tecnológicos.

7. Cualquier otro no prohibido.

41.3. Admisibilidad de la prueba. Serán admisibles las pruebas que tengan relación directa con los hechos y la pretensión, siempre que sean controvertidos. Se rechazará la prueba que se refiera a hechos admitidos expresamente o que deban tenerse como tales conforme a la ley, amparados a una presunción absoluta, evidentes o notorios, así como la impertinente, excesiva, inconducente o ilegal. En una misma resolución el tribunal indicará la prueba admitida y la que rechaza.

En la audiencia en que se admiten las pruebas, el tribunal podrá proponer a las partes la incorporación de otras no ofrecidas e incluso ordenarlas de oficio.

En la audiencia de prueba, excepcionalmente, si fuera indispensable y dando razones fundadas se podrán ordenar otras pruebas para comprobar o aclarar hechos relevantes, respetando los principios de contradicción y de concentración.

41.4. Práctica de la prueba. La práctica de la prueba se regirá por las siguientes disposiciones:

1. Deber de cooperación. Es responsabilidad exclusiva de la parte proponente citar y presentar sus fuentes probatorias. Podrá solicitar la cooperación de los tribunales para obtener órdenes, citar testigos y peritos u ordenar su comparecencia por cualquier medio disponible.

Las partes y los testigos tienen el deber legal de declarar. Esta obligación se extiende a los funcionarios públicos respecto de los informes y las certificaciones. Los tribunales requerirán su asistencia a las audiencias por cualquier medio, incluso con el auxilio de la Fuerza Pública, si fuera necesario. Cuando la parte declarante no asistiera o rehusara responder, se hará constar y se consignará el interrogatorio.

2. Deber de veracidad y juramento. Toda declaración e informe pericial o de oficina pública deberá expresar la verdad sobre los hechos. En las declaraciones de partes, testigos o peritos se recibirá el juramento por Dios o lo más sagrado de sus creencias, con las advertencias legales de la trascendencia de infringir el deber de veracidad u omitir elementos esenciales. El juramento no será exigido a los menores de doce años.

3. Concentración. La prueba se practicará en una sola audiencia. Cuando ello no fuera posible en un solo día, se prorrogará la audiencia en días inmediatos y consecutivos. Se procurará recibir la mayor cantidad de prueba por día, estableciendo cuál habrá de practicarse en cada señalamiento. Las partes podrán disponer el orden de la declaración de sus testigos.

4. Orden en la práctica de las pruebas. Las pruebas se practicarán respetando el siguiente orden: reconocimiento judicial, declaración de partes, declaración de peritos e interrogatorio de testigos. A solicitud de las partes o de oficio, por causa justificada, se podrá alterar el orden indicado.

5. Forma del interrogatorio. El interrogatorio será oral y directo. La parte formulará las preguntas al declarante sin intermediación del tribunal.

Las preguntas serán claras y precisas; no se referirán a más de un hecho, no incluirán valoraciones, ni calificaciones, excepto la de peritos y testigos técnicos. El tribunal rechazará las preguntas y declaraciones que no guarden relación directa con los hechos controvertidos o el objeto de pretensión dilatoria, la que se refiere a hechos evidentes, notorios o admitidos o en los que la pregunta sea sugestiva, insinuadora de la respuesta, ofensiva, vejatoria o capciosa. Cuando se consideren preguntas esenciales, a solicitud de parte se dejará constancia de la pregunta rechazada.

Se podrá autorizar el interrogatorio directo de personas menores de edad, cuando el tribunal estime que por su grado de madurez no se verán afectadas. En caso contrario, corresponde al tribunal hacer el interrogatorio.

Cuando surja controversia sobre la forma y el contenido de alguna pregunta, en el mismo acto se discutirá el asunto sucintamente, sin sugerir o insinuar respuestas, sin necesidad de suspender el acto o retirar al declarante de la sala, salvo en casos muy calificados.

El declarante no podrá leer notas ni apuntes, excepto que se autorice cuando se trate de preguntas referidas a cifras, fechas, datos de difícil precisión o en los demás casos que se consideren justificados. Si fuera previsible su consulta en la audiencia, deberá llevarlos el día de su declaración y solo en casos excepcionales esta se suspenderá, si no los tiene consigo.

Si deben declarar dos o más personas sobre los mismos hechos, se tomarán las medidas necesarias para evitar la comunicación entre ellas durante el transcurso de la audiencia.

La práctica de prueba en el extranjero o en lugares distantes de la sede del tribunal se podrá hacer por medios tecnológicos que garanticen la inmediación. Solo en casos excepcionales, atendiendo a la importancia de la prueba y a la dificultad de practicarla directamente o por medios tecnológicos, se podrán remitir exhortos para la práctica de prueba en el extranjero.

Cuando por medios electrónicos o de nuevas tecnologías se recibiera declaración de parte, testimonial o pericial, en que la fuente de prueba se encontrara en el extranjero, se aplicarán las formalidades establecidas en este Código y la prueba se tendrá como recibida en el territorio nacional para todos sus efectos.

6. Práctica de prueba en el lugar de los hechos. La prueba se practicará en el lugar de los hechos, sin sujeción a las limitaciones de competencia territorial, cuando sea necesario para la vigencia del principio de inmediación, según la naturaleza de lo debatido y cuando el tribunal lo estime conveniente.

7. Declaración domiciliaria. Cuando por enfermedad o por otras circunstancias especialmente justificadas quien deba declarar no pueda comparecer a la sede del tribunal, a solicitud de parte se podrá disponer que preste declaración en su domicilio o en el lugar en que se encuentre. Al efecto, podrá utilizarse el sistema de videoconferencia. Si, atendidas las circunstancias, el tribunal considera prudente no permitir a las partes y a sus abogados que concurran a la declaración domiciliaria, se pondrán a conocimiento de las partes las respuestas obtenidas, para que soliciten las aclaraciones o adiciones que estimen necesarias.

8 Nombramiento de intérpretes y traductores. Cuando medien limitaciones físicas o idiomáticas, la parte oferente deberá solicitar el nombramiento de intérpretes o traductores al momento de ofrecer la prueba. Salvo disposición en contrario, el proponente deberá cubrir los honorarios.

9 Traslado e incorporación de pruebas. Podrán admitirse las pruebas practicadas válidamente en otro o en el mismo proceso y en procedimientos administrativos, conservando su naturaleza, cuando no sea posible o se considere innecesario repetirlas, siempre que se haya garantizado o garantice la participación a las partes. En la audiencia se dejará constancia de la incorporación y es potestativa su lectura o reproducción.

10 Inevacuabilidad. La prueba no practicada por culpa de la parte proponente se tendrá por inevacuable, sin necesidad de resolución expresa.

41.5. Apreciación de la prueba. Las pruebas se apreciarán en su totalidad, conforme a criterios de lógica, experiencia, ciencia y correcto entendimiento humano, salvo texto legal que expresamente disponga una regla de apreciación diversa.

La conducta de las partes durante el procedimiento podrá constituir un elemento de convicción ratificante de las pruebas.

Concordancias: 8 CADH, 2.3, 2.7, 2.8, 3.1, 5.1, 5.6, 23, 37.3, 41.1, 41.2, 41.3, 41.4.3, 41.4.5, 42, 43. 43.1, 44, 45.7, 46, 47, 48, 50.1, 102.3.5 y 102.5 CPC.

Artículo 42. Declaración de parte

42.1. Deber de declarar y forma. Las partes tienen el deber de declarar sobre hechos propios o ajenos y podrán formularse preguntas recíprocamente. La declaración de las personas físicas será personal. Tratándose de personas jurídicas deberá declarar su representante legal. Si no hubiera intervenido en los hechos debatidos, sin perjuicio de la indicación que deberá hacer, estará obligado a responder según el conocimiento que deba tener de ellos.

En todos los supuestos de mandato o representación, los representantes deberán declarar cuando se trate de hechos realizados en su función.

En todo caso, si el llamado a declarar no fue quien participó en los hechos controvertidos deberá alegar tal circunstancia dentro del quinto día a partir de la notificación del señalamiento o, cuando no sea posible hacerlo, en el momento de la práctica de la prueba. Deberá facilitar la identidad del que intervino en nombre de la persona, a quien se podrá citar como testigo. Si no hace tal señalamiento o si manifestara desconocer a la persona interviniente en los hechos, el tribunal podrá considerar esa manifestación como respuesta evasiva.

La parte no podrá ser obligada a declarar dos veces sobre los mismos hechos.

42.2. Efectos de la declaración de parte. La admisión de hechos propios, de forma expresa o tácita, permite presumirlos como ciertos y constituye prueba contra la parte declarante, salvo que se trate de derechos indisponibles, que el declarante no tenga facultades para confesar en representación o se contradiga con las demás pruebas. El mismo efecto tendrán las afirmaciones espontáneas realizadas en el proceso.

Si la parte no compareciera, sin justa causa, no llegara a la hora señalada, rehusara declarar, respondiera de forma evasiva o no llevara consigo documentos de apoyo, cuando fueran necesarios, se producirán los efectos de la admisión tácita del interrogatorio, ya sea de hechos propios o ajenos.

Concordancias: 1288 a 1294 CCI, 19.1, 19.2, 41.4, 41.4.5, 41.5 y 50 CPC.

Artículo 43. Declaración de testigos

43.1. Admisibilidad. Será admisible la prueba de testigos para demostrar todo tipo de hechos. Podrá ser testigo cualquier persona física que tenga conocimiento sobre los hechos controvertidos, sea mayor de doce años y posea capacidad. Los menores de doce años podrán ser admitidos como testigos cuando, a criterio del tribunal, tengan el discernimiento necesario para conocer y declarar verazmente.

Si el testigo tuviera conocimientos científicos, técnicos, profesionales, artísticos o prácticos se admitirán las manifestaciones que en virtud de dichos conocimientos agregue a su respuesta.

El tribunal admitirá la prueba testimonial, ampliando o reduciendo el número de testigos, según la trascendencia y necesidad de dicha prueba.

Solo se admitirá la prueba de testigos que se encuentren en el extranjero, cuando se considere absolutamente indispensable y el proponente carezca de otros medios de prueba suficientes en el país para demostrar los hechos invocados.

43.2. Abstención de declarar. Pueden abstenerse de declarar como testigos los que sean examinados sobre hechos que importen responsabilidad penal contra el declarante o contra su cónyuge, conviviente, ascendiente, descendiente o parientes colaterales hasta el tercer grado, inclusive, de consanguinidad o afinidad.

Asimismo, pueden negarse a contestar preguntas que violen su deber o facultad de reserva, aquellos que están amparados por el secreto profesional o que por disposición de la ley deban guardar secreto.

Los testigos menores de edad tendrán derecho de abstenerse a declarar o a responder preguntas concretas, cuando dicho acto les pueda generar un conflicto de lealtad con sus progenitores. El tribunal debe comunicar al testigo menor de edad que tiene ese derecho.

43.3. Sustitución de testigos. Procederá la sustitución de testigos ofrecidos y admitidos; la de estos últimos solo procederá en casos excepcionales. En los procesos en que exista audiencia preliminar, la sustitución del testigo ofrecido se resolverá en esa audiencia y la de admitidos se podrá solicitar y resolver hasta en la audiencia de práctica de prueba.

En los procesos de única audiencia, sea que la sustitución se refiera a testigos ofrecidos o admitidos, la solicitud se podrá realizar antes de la finalización de la audiencia y se tramitará y resolverá en esta.

Siempre que se admita la sustitución de testigos, el tribunal adoptará las medidas necesarias para asegurar el derecho al contradictorio.

43.4. Práctica de la prueba testimonial. Al inicio de la declaración, el tribunal juramentará al testigo y le preguntará sobre sus datos personales de identificación, su relación con las partes o sus abogados y si tiene interés directo o indirecto en el resultado del asunto.

El testigo será interrogado en primer lugar por la parte proponente, luego por la contraria y finalmente por el tribunal. Al responder justificará las circunstancias de tiempo, lugar y modo en que ocurrieron los hechos y de cómo obtuvo conocimiento de ellos, de la forma más amplia posible. Concluida la declaración, las partes y el tribunal podrán interrogar nuevamente para pedir aclaraciones.

43.5. Careos. Cuando los testigos incurran en graves contradicciones, el tribunal, de oficio o a petición de parte, podrá acordar que se sometan a un careo. También se podrá disponer, en razón de las respectivas declaraciones, la celebración de careo entre las partes y alguno o algunos testigos.

La solicitud se formulará al finalizar el interrogatorio y, en este caso, se advertirá al testigo que no se ausente para que dichas actuaciones puedan practicarse a continuación.

43.6. Pago de gastos a testigos. Los gastos en que incurran los testigos, con motivo de la comparecencia, serán satisfechos por la parte proponente. Si no existe acuerdo entre la parte y el testigo, el tribunal, en la audiencia, teniendo en cuenta los datos y circunstancias que consten, fijará el monto y prevendrá su pago sin dilación.

Si el proponente resulta victorioso y favorecido con la condena en costas procesales, tendrá derecho a que el vencido le haga el reembolso correspondiente por ese concepto. Si varias partes proponen a un mismo testigo, el importe se prorrateará entre ellas.

La resolución que fije el monto y prevenga su pago solo tendrá recurso de revocatoria. Si la parte o las partes que hayan de indemnizar no lo hicieran en el plazo de cinco días desde la firmeza de la resolución, el testigo podrá hacer valer sus derechos en el mismo proceso por la vía incidental.

Concordancias: 41.3, 41.4, 41.4.5, 73. 102.4, 102.5 y 113 CPC.

Artículo 44. Prueba pericial

44.1. Admisibilidad. Será admisible la prueba pericial cuando sean necesarios conocimientos científicos, artísticos, técnicos o prácticos, ajenos al derecho, para apreciar hechos o circunstancias relevantes o adquirir certeza de ellos.

Las partes podrán aportar, con la demanda o contestación, los dictámenes de peritos o informes técnicos elaborados por particulares, instituciones públicas o por medio de un colegio profesional. Se adjuntarán, con los demás documentos, instrumentos o materiales necesarios para su apreciación. Asimismo, podrán solicitar el nombramiento de un perito por parte del tribunal.

44.2. Designación, aceptación y honorarios de peritos judiciales. Los peritos judiciales serán designados de la lista elaborada por el Poder Judicial, tomando en cuenta la naturaleza y el objeto de la peritación.

Al hacer el nombramiento, el tribunal indicará con precisión los aspectos sobre los cuales debe informar.

Comunicado el nombramiento al perito manifestará inmediatamente o dentro del tercer día, por cualquier medio idóneo, si acepta el cargo, de lo cual se dejará constancia. Si no acepta el cargo se hará nuevo nombramiento.

Los honorarios serán fijados al momento de la designación y se concederá un plazo de cinco días a la parte o las partes oferentes para su depósito. Si la parte contraria amplía los temas objeto de la pericia deberá contribuir proporcionalmente, según lo disponga el tribunal.

La falta de depósito de los honorarios, en el plazo establecido, tendrá como consecuencia la inevacuabilidad total o parcial de la prueba, salvo que una de las partes mantenga el interés en su práctica, en cuyo caso deberá depositar la totalidad en el plazo de cinco días siguientes al vencimiento del plazo anteriormente concedido.

Los honorarios se girarán una vez concluida su labor.

44.3. Elaboración y presentación del dictamen. Las partes están obligadas a prestarle auxilio al perito en cuanto sea necesario para el cumplimiento de su encargo. En caso de negativa podrá pedir al tribunal la adopción de las medidas pertinentes.

Al emitir el dictamen, todo perito deberá manifestar, bajo juramento o promesa de decir verdad, que ha actuado y, en su caso, actuará con objetividad e imparcialidad, y que conoce las sanciones penales y civiles en las que podría incurrir si incumpliera su deber. El informe será fundado y contendrá, de manera clara y precisa, una relación detallada de las operaciones practicadas, sus resultados, los elementos técnicos y probatorios utilizados y las conclusiones. Se adjuntarán los documentos y anexos respectivos, o se indicará la fuente correspondiente, cuando no sea posible anexarlos. Deberá presentarse al menos cinco días antes de la audiencia de práctica de pruebas.

Si no rinde el dictamen en el plazo de ley, no lo amplía o no comparece a la audiencia si fue citado, sin justa causa, perderá sus honorarios y deberá pagar los daños y perjuicios causados.

44.4. Examen del dictamen en audiencia. El dictamen pericial será examinado en la audiencia de prueba, primero por el proponente, luego por la parte contraria y finalmente por el tribunal. Para tal efecto, las partes podrán contar con el auxilio de expertos técnicos o consultores. El perito deberá comparecer a la audiencia, salvo que las partes y el tribunal lo estimen innecesario. Quienes participen en la audiencia podrán hacer observaciones, pedir aclaraciones, ampliaciones, explicaciones de operaciones, métodos, premisas, fuentes o incluso impugnar y cuestionar el informe con otros medios probatorios.

44.5. Dictámenes o informes especiales. El tribunal podrá, de oficio o a petición de parte, solicitar dictámenes o informes de universidades, institutos, academias, colegios u otros organismos especializados, públicos o privados, cuando se refieran a aspectos técnicos de su conocimiento y experiencia. En el informe deberá indicarse la persona encargada de realizarlo.

44.6. Verificación de estados económicos, financieros y rendición de cuentas. Para la realización de auditorajes, inventario de bienes, determinación del estado económico, rendición de cuentas, informes contables o de cualquier otro tipo, el tribunal podrá nombrar profesionales en ciencias contables o en la especialidad requerida. Para la práctica de dicha prueba, el tribunal podrá ordenar cualquier otra prueba o requerir la información que sea necesaria. Cuando esta prueba se solicite de forma anticipada, solo podrá ser pedida por los socios, cuotistas, copropietarios o asociados respecto de personas jurídicas de las cuales sean parte o miembros, lo cual deberán demostrar en su solicitud. Cuando se trate de sociedades comerciales, los solicitantes deberán representar al menos el diez por ciento (10%) del capital o, en los demás casos, ser titulares de cuotas en la misma proporción.

Concordancias: 18, 35.2, 41.3, 41.3 in fine, 41.4, 45.7, 48, 50 y 73 CPC.

Artículo 45. Prueba documental

45.1. Presunción de autenticidad, validez y eficacia de los documentos. Los documentos públicos y los privados admitidos, tácita o expresamente, se presumen auténticos y válidos mientras no se pruebe lo contrario. Los documentos recibidos o conservados por medios tecnológicos y los que los despachos judiciales emitan como copias de originales almacenados por estos mismos medios gozarán de la validez y eficacia del documento físico original, siempre que quede garantizada su autenticidad, integridad y conservación, así como el cumplimiento de los requisitos exigidos por la ley.

45.2. Documentos públicos. Documentos públicos son todos aquellos redactados o extendidos por funcionarios públicos, según las formas requeridas y dentro del límite de sus atribuciones y los calificados con ese carácter por la ley. También, tendrán esa naturaleza los otorgados en el extranjero con ese carácter en virtud de tratados, convenios internacionales o el derecho internacional. A falta de norma escrita, tales documentos deben cumplir los requisitos del ordenamiento jurídico donde se hayan otorgado.

El documento otorgado por las partes ante un notario hace fe, no solo de la existencia de la convención o disposición para la cual ha sido otorgado, sino aun de los hechos o actos jurídicos anteriores que se relatan en él, en los términos simplemente enunciativos, con tal de que la enunciación se enlace directamente con la convención o disposición principal.

Las reproducciones de los documentos tendrán la eficacia probatoria de estos, si el funcionario autorizante certifica la razón de ser copias fieles de los originales. La misma eficacia tendrán las copias simples, cuya autenticidad no haya sido impugnada oportunamente.

45.3. Documentos privados y reconocimiento. Son documentos privados los que no tengan la condición de públicos.

El reconocimiento podrá ser expreso o tácito, en este último caso, cuando la parte no lo impugne en su oportunidad. Serán reconocidos por quien los emitió o su representante. Los testigos podrán reconocer los documentos elaborados o firmados por ellos y aquellos de los que hayan tenido acceso o conocimiento.

El reconocimiento de la firma, salvo objeción, implica aceptación del contenido y este se podrá reconocer aunque el documento no estuviera firmado.

45.4. Exhibición de documentos. Se ordenará a las partes la exhibición de documentos, informes, libros o cualquier otra fuente probatoria, si están bajo su dominio o disposición, se refieren al objeto del proceso, sea común o puedan derivarse conclusiones probatorias para quien lo solicita. El tribunal podrá ordenar esa exhibición ante el perito, cuando así lo pidan las partes o lo solicite el experto para los fines de la pericia.

Con la petición de exhibición, la parte solicitante podrá aportar una copia o reproducción del documento, pero si no lo tuviera en su poder indicará en términos concretos su contenido.

La exhibición será obligatoria y en la resolución que la ordena se advertirá al requerido que su negativa permitirá atribuirle valor a la copia simple, a la reproducción o a la versión del contenido del documento, y se podrá tener como confirmación de la exactitud de las afirmaciones de la parte contraria, respecto del contenido del documento o del hecho que se quiere probar.

Si el documento que se pide exhibir se encontrara en poder de un tercero, se le prevendrá que lo presente, siempre que resulte trascendente para los fines del proceso y no le depare perjuicio al requerido.

La persona obligada a la exhibición podrá presentar copia certificada o testimonio del documento prevenido, bajo su responsabilidad, salvo si el tribunal dudara de su autenticidad o la contraria exija el original por razones fundadas.

Los funcionarios del Estado y de las instituciones públicas no podrán negarse a expedir certificaciones ni testimonios, ni oponerse a exhibir los documentos de sus dependencias y archivos.

45.5. Impugnación de documentos. La impugnación de los documentos presentados con la demanda y la reconvención deberá hacerse en la contestación y en la réplica. Los que se presenten y agreguen después de la demanda y reconvención deberán impugnarse en la audiencia. En todo caso, será necesario exponer las razones concretas de la impugnación y las pruebas que la sustenten.

La impugnación por falsedad podrá hacerse en el mismo proceso y los efectos de lo que se resuelva se limitarán a este. Las sentencias dictadas por los tribunales penales, sobre la falsedad de un documento de influencia en el proceso, tendrán valor de cosa juzgada.

45.6. Verificación de documentos. Cuando se desconozca la firma o se manifieste ignorancia de la autoría de un documento, la parte interesada podrá demostrarlo mediante declaración de parte, prueba técnica, cotejo, documentos y cualquier otro medio de prueba.

45.7. Informes y expedientes. El tribunal, a petición de parte o de oficio, podrá solicitar informes de cualquier persona física o jurídica, institución u oficina pública o privada, en relación con los hechos o actos de interés para el proceso. No será admisible el informe cuando, manifiestamente, tienda a sustituir a otro medio de prueba. El informe se remitirá a la mayor brevedad posible, en cualquier soporte autorizado, bajo juramento de exactitud.

La entidad requerida podrá negarse a rendir el informe únicamente cuando se trate de información declarada como secreto de Estado o pueda comprometer seriamente el secreto comercial o la información no divulgada. En tal caso y una vez recibida la solicitud, de inmediato expondrá con claridad y precisión los motivos de su negativa.

También, se podrá requerir la remisión de expedientes, testimonios, documentos, anexos, estudios relacionados con los informes, anotaciones, asientos de libros, archivos o similares.

45.8. Fecha cierta. La fecha cierta de un documento privado se contará respecto de tercero, cuando se verifique uno de los siguientes hechos:

1. La muerte de alguno de los firmantes.

2. La presentación del documento ante cualquier oficina pública para que forme parte de un expediente con cualquier fin.

3. La presentación del documento ante un notario, a fin de que autentique la fecha en que se presente.

Si el tercero al tiempo de contratar tuviera conocimiento de la existencia del documento, no podrá rechazarlo con el pretexto de que no se halla en uno de los tres casos anteriores.

Concordancias: 111 C. Not., 24.4, 27, 41.3, 41.4.9 y 41.5 CPC.

Artículo 46. Reconocimiento judicial

46.1. Admisibilidad. El reconocimiento judicial será admisible, para el esclarecimiento y apreciación de hechos, cuando sea necesario o conveniente que el tribunal examine, por sí mismo, algún lugar, objeto o persona.

46.2. Práctica. La práctica de la prueba de reconocimiento judicial se regirá por las siguientes disposiciones:

1. Objeto del reconocimiento judicial. La parte proponente indicará los aspectos a constatar y manifestará si pretende concurrir al acto con algún técnico. La contraria podrá proponer, antes de la práctica del reconocimiento, otros aspectos de su interés.

2. Asistencia de las partes, abogados, peritos y testigos. Las partes y sus abogados podrán concurrir al reconocimiento, formular las observaciones que consideren pertinentes y ofrecer fotografías, calcos, grabaciones de imagen o sonido u otros semejantes para dejar constancia. A solicitud de parte o de oficio se puede disponer la concurrencia de peritos o testigos a dicho acto, donde podrán ser examinados.

3. Deber de colaboración de partes y terceros. Las partes y los terceros tienen el deber de prestar la máxima colaboración para la efectiva práctica del reconocimiento. La negativa injustificada de los terceros faculta a los tribunales para tomar las medidas conminatorias que correspondan, sin perjuicio de la posibilidad de testimoniar piezas para el Ministerio Público, si estima que se está ante la comisión de un ilícito. Si la negativa injustificada procede de una de las partes, se le intimará a prestar colaboración; si mantiene su actitud, se podrá interpretar como una confirmación de la exactitud de las afirmaciones de la parte contraria respecto del hecho a probar. Los tribunales podrán ingresar a los inmuebles o a los recintos objeto de controversia, o donde se hallen los bienes a examinar. Para tal efecto, podrán ordenar el allanamiento y auxiliarse con la Fuerza Pública, si es necesario.

4. Documentación del reconocimiento judicial. El reconocimiento se documentará utilizando medios de grabación de imagen y sonido. Cuando ello no sea posible, se consignará en un acta. Se asentarán, en el medio electrónico utilizado o en el acta, los aspectos relevantes. Solo en casos excepcionales se diferirá la documentación del reconocimiento judicial.

5. Reconocimiento de personas. En la práctica de reconocimiento de personas se tomarán las medidas necesarias, a fin de respetarles al máximo los derechos de la personalidad. Con esa finalidad, se les permitirá la compañía de algún familiar o persona de su confianza e incluso se podrá ordenar sin asistencia de partes o abogados, o en la propia casa o lugar donde se encuentre quien deba ser reconocido.

Concordancias: 2.7, 24.4, 41.3, 41.4.5, 41.4.6, 41.5, 44.4 y 50 CPC.

Artículo 47. Reconstrucción de hechos.

Para la reconstrucción de hechos se seguirá el mismo procedimiento dispuesto para el reconocimiento judicial.

Concordancias: 2.2, 24.4, 41.3, 41.4.6 y 50 CPC.

Artículo 48. Medios científicos.

Podrá ordenarse la práctica de reproducciones de cualquier naturaleza, calcos, relieves, filmes o fotografías de objetos, personas, documentos y lugares, radiografías, radioscopias, análisis hematológicos, bacteriológicos y, en general, cualquier prueba científica. En la audiencia se le dará a esta prueba el mismo tratamiento dispuesto para la prueba pericial.

Concordancias: 35.2, 41.3, 41.3 in fine, 41.4, 44, 45.7, 50, 50.5 y 73 CPC.

Artículo 49. Prueba anticipada.

Con anterioridad al establecimiento de la demanda o en el curso del procedimiento, pero antes del momento procesal oportuno, podrá solicitarse, admitirse y practicarse cualquier medio de prueba. La anticipación solo será procedente cuando exista peligro de imposibilidad de practicarla posteriormente o que aun pudiendo practicarla pueda perder su eficacia. Cuando resulte que la anticipación de prueba no era justificada, se condenará al solicitante al pago de costas.

En todo caso, sin sujeción a lo dispuesto en el párrafo anterior, es procedente como prueba anticipada la verificación de estados económicos, financieros y rendición de cuentas, la declaración de parte sobre hechos personales y la exhibición de documentos o bienes muebles.

En la solicitud deberán indicarse el nombre y las calidades de las partes, el objeto y estimación del futuro proceso, cuando este no se haya establecido, la justificación, la prueba que se pide y el señalamiento para atender notificaciones.

Cuando la comunicación a la parte contraria pudiera frustrar la finalidad o eficacia de la actividad y, en casos de urgencia, esta se practicará sin notificación previa. Si la parte contraria concurriera a pesar de no haber sido citada, podrá intervenir en la práctica de la prueba; en caso contrario, el resultado deberá notificársele dentro del plazo de cinco días posteriores a su celebración. En los demás casos se garantizará la participación de la parte contraria. El tribunal dispondrá lo necesario para el efectivo cumplimiento de lo que ordene, en cualquier día y hora, aun con auxilio de la Fuerza Pública.

La prueba anticipada practicada se incorporará al proceso, cuando este se haya establecido.

Concordancias: 41.2, 41.3, 41.4, 41.4.9, 50, 73 CPC.

CAPÍTULO II
AUDIENCIAS ORALES

Artículo 50. Audiencias orales

50.1. Concentración de actividad. Las audiencias podrán verificarse en una o varias sesiones separadas por recesos e incluso continuarse el día siguiente como una misma unidad procesal.

50.2. Asistencia y efectos de la incomparecencia

1. Deber de asistencia. Las partes deberán comparecer a las audiencias personalmente o representadas por abogados con facultades para conciliar.

2. Inasistencia a la audiencia preliminar. Si quien figura como demandante no comparece a la audiencia preliminar, se tendrá por desistida la demanda o la reconvención y se le condenará al pago de las costas y los daños y perjuicios causados. No obstante, podrá continuarse el proceso, si alguna de las partes presentes alega interés legítimo o cuando la naturaleza de lo debatido exija la continuación, siempre que no exista impedimento cuya superación dependa exclusivamente de la parte demandante.

Si el inasistente fuera el demandado se dictará sentencia de inmediato, salvo que sea necesario practicar la prueba ofrecida por el actor, por tratarse de hechos no susceptibles de ser probados por confesión o que las pretensiones se refieran a cuestiones de orden público o derechos indisponibles.

Si a la audiencia preliminar no asiste ninguna de las partes, se tendrá por desistido el proceso sin condenatoria alguna.

3. Inasistencia a la audiencia de prueba. Si a la audiencia de prueba no comparece una de las partes, se practicará la prueba de la que asista. No se practicará la prueba ofrecida por la parte que no se presente, salvo que la parte contraria manifieste interés en ella o el tribunal la considere indispensable. Si no comparece ninguna de las partes, se dictará sentencia inmediatamente, si fuera posible, de acuerdo con lo que consta en el expediente.

4. Inasistencia a la audiencia en los procesos de audiencia única. En los procesos de audiencia única, si quien no comparece es demandante, se tendrá por desistida la demanda o la reconvención y se le condenará al pago de las costas y los daños y perjuicios causados. No obstante, podrá continuarse el proceso, si alguna de las partes presentes alega interés legítimo o cuando la naturaleza de lo debatido exija la continuación, siempre que no exista impedimento cuya superación dependa, exclusivamente, de la parte demandante.

Si el proceso continúa, se practicará la prueba y se dictará la sentencia.

Si el inasistente fuera el demandado, el tribunal dictará sentencia de inmediato, salvo que sea necesario practicar la prueba ofrecida por el actor, por tratarse de hechos no susceptibles de ser probados por confesión o que las pretensiones se refieran a cuestiones de orden público o derechos indisponibles.

Si a la audiencia única no comparece ninguna de las partes, se tendrá por desistido el proceso, sin condenatoria alguna.

5. Inasistencia del juez o miembro del tribunal. Si por inasistencia del juez o algún miembro del tribunal no pudiera celebrarse una audiencia, de inmediato se fijará hora y fecha para su celebración, dentro de los diez días siguientes.

50.3. Posposición y suspensión de las audiencias. La posposición y suspensión de audiencias solo se admitirá por caso fortuito o fuerza mayor, debidamente comprobados.

Iniciado el acto podrá suspenderse en casos muy calificados, cuando sea necesario para la buena marcha del proceso, para deliberar sobre aspectos complejos o a petición de parte, para instar un acuerdo conciliatorio. La suspensión deberá ser breve y al decretarla se hará el señalamiento de hora y fecha, dentro del plazo máximo de diez días, para la reanudación.

Cuando la suspensión de la audiencia supere los cinco días y se afecte el principio de inmediación no podrá reanudarse y será necesario citar una nueva, sin perjuicio de la responsabilidad que corresponda.

Las audiencias no se pospondrán ni suspenderán por la ausencia de los abogados. La superposición de audiencias a la que deban asistir las partes o sus abogados no es causa de justificación; no obstante, si esa circunstancia se hace ver dentro de los tres días siguientes a la notificación del señalamiento para audiencia, se reprogramará aquella que se haya señalado de último.

50.4. Dirección de la audiencia. El tribunal dirigirá las audiencias según los poderes y deberes que le confiere la ley. Verificará y consignará al inicio de cada audiencia la hora, la fecha, la naturaleza de la audiencia, la identificación de las partes, los testigos y demás auxiliares que comparezcan a ella.

Explicará a las partes sobre los fines y las actividades de la audiencia. Hará las advertencias legales que correspondan; evitará la formulación de preguntas impertinentes, la lectura innecesaria de textos y documentos; moderará el debate evitando divagaciones impertinentes sin coartar el derecho de defensa; retirará el uso de la palabra o le ordenará el abandono del recinto a quien no siga sus instrucciones; mantendrá el orden y velará por que se guarde el respeto y la consideración debidos, usando para ello las potestades de corrección y disciplina que le confiere la ley.

Cuando a una parte la asista más de un abogado, solo podrá intervenir uno por declarante. En las demás actividades que no tenga que ver con declaraciones, entre ellos decidirán a cual corresponderá actuar.

50.5. Documentación de las audiencias

1. Documentación mediante soportes aptos para la grabación de imagen y sonido. Las actuaciones orales en las audiencias se registrarán en soporte apto para la grabación y reproducción del sonido y, si fuera posible, también de la imagen. Las partes podrán solicitar en todo caso, a su costa, una copia de los soportes en que hubiera quedado grabada la audiencia.

2. Documentación mediante acta. Si los medios de registro referidos no pudieran utilizarse por cualquier causa, se documentará mediante acta. Las actas serán lacónicas, salvo disposición legal en contrario. Cuando se trate de documentar la práctica de la prueba, las actas serán necesariamente exhaustivas. En casos excepcionales, cuando sea necesario levantar acta, a criterio del tribunal, se podrá ordenar la transcripción literal de la audiencia.

El acta deberá contener, según las actividades que se desarrollen en ella:

a) El lugar, la fecha, la hora de inicio, la naturaleza y la finalización de la audiencia, con la indicación de las suspensiones y las reanudaciones.

b) El nombre de los jueces, las partes presentes, los defensores y los representantes.

c) Indicación del nombre de los testigos, peritos y demás auxiliares que vayan declarando, la referencia de la prueba trasladada y de los otros elementos probatorios reproducidos.

d) Las resoluciones que se dicten, las impugnaciones planteadas y lo resuelto sobre ellas, consignando de forma lacónica los fundamentos de la decisión.

e) Los nuevos señalamientos para la continuación de la audiencia.

f) Una síntesis de las principales conclusiones de las partes.

g) La mención del pronunciamiento de la sentencia.

h) Cualquier otro dato que el tribunal considere pertinente.

i) La identificación de los jueces que participaron en la audiencia.

El medio de respaldo utilizado para el registro de la audiencia quedará en el tribunal como anexo al expediente.

50.6. Deliberación. La deliberación para resolver será siempre secreta y el tribunal, cuando lo estime necesario, analizará si se retira de la sala de audiencia. Tratándose de sentencias, el plazo para deliberar no deberá exceder de dos días, salvo en procesos complejos en los cuales se extenderá a cinco. Terminada la redacción se comunicará lo resuelto. Cuando se trate de la sentencia deberá constituirse en la audiencia al menos un juez del tribunal.

Concordancias: 2.8, 5.2, 20.2. 24.4. 34. 41.4.3, 56, 59, 60, 60.2, 61.1, 103.3, 102.4 y 102.5 CPC.

CAPÍTULO III
FORMAS EXTRAORDINARIAS DE CONCLUSIÓN DEL PROCESO

Artículo 51. Conciliación

51.1. Conciliación extrajudicial. La conciliación puede realizarse de forma extrajudicial, antes o durante el proceso, según lo que al efecto dispone este Código y las leyes especiales.

La ejecución del acuerdo homologado se hará por el procedimiento establecido para ejecutar sentencias.

51.2. Conciliación judicial. La conciliación judicial es procedente antes de iniciar el proceso o en cualquier estado del procedimiento. Las partes podrán contar con la asesoría de su abogado.

Si las partes lo acuerdan podrán hacerlo ante el conciliador judicial del tribunal, un centro de conciliación judicial con especialidad en la materia, extrajudicialmente y, en caso de que ello no sea posible, ante un juez del tribunal que conoce del proceso.

Tratándose de tribunales unipersonales la realizará el juez correspondiente y en los colegiados uno solo de los integrantes. Cuando se realice ante un conciliador judicial, este asumirá su función en la misma audiencia sustituyendo a quien la dirige, para esa única actividad.

Las manifestaciones que se formulen en la audiencia no podrán interpretarse como aceptación de las proposiciones efectuadas y no podrán constituir motivo de recusación.

En el acta no se incluirán manifestaciones hechas por las partes con motivo de la conciliación.

El acuerdo conciliatorio deberá ser revisado y en su caso homologado por el juez que conoció de la conciliación o uno del tribunal que debiera conocer del proceso una vez terminada dicha actividad.

El tribunal tiene el deber de instar acuerdos conciliatorios en las etapas procesales establecidas por la ley. También lo hará cuando las circunstancias favorezcan el arreglo o así lo soliciten las partes de mutuo acuerdo. En este último caso, podrán solicitar la suspensión del procedimiento por un plazo razonable que no debe exceder de tres meses, prorrogable por un período igual a conveniencia de las partes.

51.3. Homologación, efectos y ejecución del acuerdo conciliatorio. El acuerdo conciliatorio debe ser examinado por el tribunal para determinar si está a derecho y no quebranta normas de orden público o alcanza derechos indisponibles o irrenunciables. Debidamente homologado dará por terminado el proceso si comprendiera todas las pretensiones. Si fuera parcial, el procedimiento continuará respecto de lo que no haya sido solucionado, salvo convenio expreso de las partes.

Dicho acuerdo producirá efectos de cosa juzgada material, excepto cuando la ley disponga lo contrario por la naturaleza de la controversia. Cuando no comprenda todos los aspectos de la pretensión, producirá parcialmente los efectos de la cosa juzgada.

El acuerdo podrá ejecutarse judicialmente en el mismo proceso.

Concordancias: 4, 5, 8, 9, 12 y 13 Ley RAC, 23, 50, 64 y 146 a 154 CPC.

Artículo 52. Transacción

52.1. Oportunidad y forma. Las partes, en cualquier estado del procedimiento, podrán hacer valer la transacción sobre el derecho en litigio, aportando el documento privado o público en el que conste lo convenido. También, se podrá suscribir mediante acta ante el tribunal, que hará las objeciones pertinentes de ser necesario.

52.2. Homologación, efectos y límite. El tribunal analizará la transacción para determinar si concurren los requisitos legales para su validez y de no existir objeciones la homologará. Si contiene defectos subsanables, previo a resolver lo que corresponda, prevendrá su corrección.

Salvo disposición legal en contrario, la transacción homologada produce cosa juzgada material. Si comprende todas las pretensiones debatidas tendrá como consecuencia la terminación del proceso.

Concordancias: 12 Ley RAC, 1367 a 1385 CCI, 117 CPCA, 37.2, 45.2, 45.3 y 64 CPC.

Artículo 53. Renuncia del derecho

En cualquier estado del proceso se podrá renunciar al derecho pretendido, sin que sea necesaria la conformidad de la parte contraria. Cuando sea procedente, se dará por terminado el proceso, salvo que fuera parcial, en cuyo caso continuará el procedimiento en relación con lo no renunciado. El renunciante será condenado al pago de las costas y los daños y perjuicios ocasionados a la parte contraria y no podrá promover nuevo proceso por la misma causa u objeto. La renuncia a los derechos de la demanda no afecta la contrademanda o la intervención excluyente.

Concordancias: 821, 823 a 825 CCI, 22.3, 37.2 y 38 CPC.

Artículo 54. Satisfacción extraprocesal

54.1. Procedencia. Se produce satisfacción extraprocesal cuando el demandado o contrademandado satisface total o parcialmente, fuera de proceso, la pretensión formulada por el demandante. Cualquiera de las partes podrá ponerlo a conocimiento del tribunal.

54.2. Declaratoria y efectos. Cuando se compruebe que la pretensión ha sido satisfecha, total o parcialmente, el tribunal así lo declarará. En el primer caso darán por concluido el proceso y, si fuera parcial, este continuará por lo no satisfecho.

Si la satisfacción extraprocesal es consecuencia de la voluntad unilateral del demandado, se le podrá condenar al pago de costas, intereses, daños o perjuicios, tomando en cuenta la naturaleza y el estado del proceso, los derechos satisfechos y la estimación de la demanda. Se podrá eximir del pago de costas, daños y perjuicios, de acuerdo con las circunstancias.

Concordancias: 115 CPCA, 66.3, 67.3.2 y 73.2 CPC.

Artículo 55. Imposibilidad sobrevenida del proceso

Cuando de oficio o a petición de parte, el tribunal concluya que existe imposibilidad del litigio, por desaparición de una de las partes cuando no surja el fenómeno de la sucesión, por desaparición del objeto cuando no sea posible su sustitución, por desaparición de la causa o por imposibilidad del efecto jurídico que se trata de constituir, dará por terminado el proceso mediante resolución razonada. En tal caso, cada una de las partes soportará los propios gastos del proceso fenecido.

Concordancias: 484, 627, 629, 630, 631, 633, 656, 657, 689, 799, 804, 830, 831 CCI, 21.4.1, 21.4.2, 28.1, 66.3, 67.3.2, 73.2 y 196 CPC.

Artículo 56. Desistimiento

56.1. Procedencia y oportunidad. Es procedente el desistimiento antes de sentencia definitiva. Podrá referirse a todas o a parte de las pretensiones, a alguna de las partes o a la oposición. El desistimiento parcial subjetivo es improcedente, si existe litisconsorcio necesario.

En el proceso ordinario, si se pide después de la contestación, es indispensable la aceptación de la parte contraria. Si fuera unilateral se conferirá audiencia a la otra parte por cinco días, para que manifieste si está de acuerdo con la solicitud, bajo apercibimiento de tenerlo por aceptado si guardara silencio. En los demás procesos no es indispensable la aceptación.

56.2. Efectos del desistimiento. Admitido el desistimiento se dará por terminado el proceso, total o parcialmente. Desistida la demanda subsistirá la contrademanda y viceversa, salvo manifestación expresa de la parte contraria desistiendo también de su acción. Cuando el demandado desista de su oposición, se darán los efectos del allanamiento. Quien desiste será condenado al pago de las costas, así como a los daños y perjuicios ocasionados a la contraria, salvo que al demandado no se le haya notificado, se encuentre en rebeldía o exista desistimiento mutuo. Cuando el desistimiento sea parcial o referido a un acto del procedimiento, la condena será proporcional. Las cosas quedarán en el mismo estado en que estaban antes de establecerse la demanda.

Concordancias: 22.1, 23, 38, 39 y 73 CPC.

Artículo 57. Caducidad del proceso

57.1. Procedencia. Mientras no se haya dictado sentencia de primera instancia caducará la demanda o la contrademanda cuando no se hubiera instado su curso durante más de seis meses. El plazo se contará a partir de la última actividad dirigida a la efectiva prosecución. No interrumpen el plazo las actuaciones que no tengan ese efecto. Será declarada de oficio, a solicitud de parte o a petición de cualquier interesado legitimado.

No procede la caducidad:

1. Si la paralización fuera imputable exclusivamente al tribunal, a fuerza mayor o cualquier otra causa independiente de la voluntad de las partes.

2. Cuando cualquiera de las partes o intervinientes impulsen el procedimiento, antes de la declaratoria de oficio o de la solicitud.

3. En procesos universales y no contenciosos.

4. En procesos monitorios y de ejecución, cuando no haya embargo efectivo.

57.2. Efectos de la declaratoria de caducidad. Declarada la caducidad de la demanda y la contrademanda se extingue el proceso y cualquier derecho adquirido con la interposición o notificación de la demanda y reconvención, pero no impide a las partes formular nuevamente las pretensiones. Sin embargo, si la inercia es imputable exclusivamente a una de las partes, la contraria podrá solicitar que se continúe con su pretensión. En ese caso, los efectos de la caducidad se producirán únicamente respecto de la parte responsable de la inercia, a quien se condenará al pago de las costas causadas.

Concordancias: 41 C. Po, 2.5 y 5.2 CPC.

CAPÍTULO IV
RESOLUCIONES JUDICIALES Y MEDIOS DE IMPUGNACIÓN

SECCIÓN I
RESOLUCIONES JUDICIALES

Artículo 58. Denominación y plazos

58.1. Denominación. Las resoluciones judiciales serán orales o escritas y se denominarán providencias, autos y sentencias. Son providencias las de simple trámite; autos, las que contienen juicio valorativo y, sentencias, las que deciden las cuestiones debatidas

58.2. Plazo para dictar providencias y autos. Las providencias y los autos en audiencia se dictarán de forma inmediata, salvo que la complejidad de lo planteado requiera un estudio especial o deliberación, caso en el cual se podrá decretar un breve receso. Las providencias y los autos escritos deberán ser dictados en el plazo de cinco días, sin perjuicio de lo dispuesto en normas especiales.

58.3. Adición, aclaración y corrección de autos. En cuanto a los autos que se dicten oralmente, su adición, aclaración o corrección se gestionará y se hará en la misma audiencia. Respecto de los autos escritos podrán ser aclarados de oficio, antes de que se notifique la resolución o a instancia de parte realizada dentro del plazo de tres días. Dentro de las veinticuatro horas, el tribunal resolverá lo que corresponda. Si se omitiera resolver acerca de una petición concreta, se podrá pedir verbalmente al tribunal que, de oficio, subsane la omisión. Los tribunales podrán corregir en cualquier tiempo los errores puramente materiales.

Concordancias: 2.7, 2.8, 5.5, 41.4.3, 50.1, 61.1, 63 CPC.

Artículo 59. Resoluciones en tribunales unipersonales.

En los tribunales unipersonales, cuando después de una audiencia se imposibilitara el juez que hubiera asistido a ella y no pudiera dictar la resolución, se celebrará nueva audiencia por el juez que sustituya al impedido.

Concordancias: 5.2, 5.5, 24.4, 41.4.6, 50.3, 50.5, 50.5.2.9, 58.2 y 61.1 CPC.

Artículo 60. Resoluciones en tribunales colegiados

60.1. Competencia e imposibilidad para resolver. En los asuntos que se deban resolver después de una audiencia, la deliberación, votación, redacción y validación de la resolución corresponderá a los integrantes que hayan asistido a esta, aunque después hubieran dejado de ejercer sus funciones en el tribunal por traslado, ascenso, vencimiento del nombramiento, jubilación o renuncia. Estarán imposibilitados de participar quienes sean suspendidos o hayan dejado su cargo por otros motivos.

Si después de la audiencia se imposibilitara alguno de los miembros, de tal manera que no pueda asistir a la discusión y votación, los restantes tomarán las medidas pertinentes para realizar la deliberación, incluso, trasladándose al lugar donde se encuentre el integrante imposibilitado o utilizando medios tecnológicos que permitan la decisión. Si no fuera factible integrar al imposibilitado, se decidirá el asunto por los demás que hubieran asistido a la audiencia, si pueden formar mayoría; caso contrario, se procederá conforme a lo dispuesto para la discordia.

60.2. Deliberación, votación y redacción de las resoluciones

En los tribunales colegiados la discusión y votación de las resoluciones serán secretas y dirigidas por quien preside. El informante someterá a la deliberación del tribunal las cuestiones de hecho y de derecho. Previa discusión, se procederá a la votación, la que no podrá interrumpirse sino por algún impedimento insuperable. Para que haya resolución es necesario el voto conforme de la mayoría de todos los miembros, sobre cada uno de los puntos objeto de pronunciamiento. Cuando la resolución tenga varios extremos que dependan unos de otros, el haber votado negativamente en los primeros, sobre los cuales haya habido mayoría, no será motivo que autorice al integrante que así hubiera votado para dejar de concurrir con su opinión y voto a la resolución de los demás.

Corresponde al informante la elaboración de la resolución. Cuando no se conformara con el voto de la mayoría, se asignará a otro de los integrantes. Quienes hubieran disentido de la mayoría salvarán su voto de manera razonada, lo cual deberán hacer dentro del plazo para la elaboración. Si el voto disidente no se elabora en el plazo señalado, se tendrá por no puesto de pleno derecho, sin que se afecte lo resuelto.

60.3. Discordia

Si no se pudiera alcanzar mayoría en algún punto sometido a votación, se elaborará y suscribirá la decisión sobre la que se obtuvo mayoría, la que se mantendrá reservada y se agregará a lo que luego se resuelva sobre los puntos discordes. Para resolver la discordia, se integrará con los jueces necesarios para conformar un tribunal impar. El integrante o los nuevos integrantes formarán su criterio con sustento en el soporte de la audiencia. Solo cuando se afecte el principio de inmediación se celebrará una nueva audiencia, dentro de los diez días siguientes, que se limitará a los puntos sobre los que exista discordia y los que dependan de estos. Si no se obtuviera mayoría y existiera voto único, este deberá adherirse forzosamente a cualquiera de los otros votos, a fin de formar mayoría.

Concordancias: 5.2, 5.5, 24.4, 41.4.6, 50.3, 50.5, 50.5.2.9, 50.6, 58.2, 61.1 y 69.2.2 CPC.

Artículo 61. Disposiciones especiales sobre la sentencia

61.1. Emisión de la sentencia. Concluida la audiencia de prueba, en cualquier tipo de proceso, se procederá al dictado de la sentencia. De ser posible se emitirá oralmente en ese acto. Para tal efecto, el tribunal podrá ordenar un receso. La sentencia dictada oralmente se deberá digitar y se entregará a las partes una reproducción en el acto de la notificación.

Cuando no sea posible emitirla en el acto oralmente, se dictará por escrito dentro de los cinco días siguientes.

En procesos muy complejos lo que se informará a las partes se dictará por escrito, dentro del plazo de quince días.

61.2. Contenido de la sentencia. Las sentencias deben resolver todos y cada uno de los puntos que hayan sido objeto de debate, no pueden conceder más de lo pedido, salvo disposición legal en contrario y no podrán comprender otras cuestiones que las demandadas; se exceptúan aquellas para las que la ley no exige iniciativa de parte.

Además de los requisitos propios de toda resolución judicial, las sentencias tendrán un encabezamiento, una parte considerativa y otra dispositiva.

El encabezamiento contendrá la clase de proceso, el nombre de las partes, sus representantes y sus abogados.

En la parte considerativa se incluirá:

1. Una síntesis de las alegaciones y pretensiones y mención de las excepciones opuestas.

2. La enunciación, clara, precisa y ordenada cronológicamente de los hechos probados y no probados de importancia para la decisión, con referencia concreta a los medios de prueba en que se apoya la conclusión y de los criterios de apreciación de esos elementos.

3. Un análisis de las cuestiones debatidas por las partes, de las excepciones opuestas y lo relativo a costas, con la debida fundamentación jurídica, con las citas estrictamente indispensables de legislación, jurisprudencia y doctrina que se consideren aplicables.

4. La parte dispositiva se iniciará emitiendo pronunciamiento sobre los incidentes que no pudieron ser resueltos con anterioridad y sobre las excepciones opuestas. Seguidamente, se consignará el fallo en términos imperativos y concretos, con indicación expresa y separada de los extremos que se declaran procedentes o deniegan. Finalmente, se dispondrá lo que corresponda sobre la repercusión económica de la actividad procesal.

Las sentencias de segunda instancia y casación incluirán un breve resumen de los aspectos debatidos en la resolución impugnada y de los alegatos de los recurrentes.

Concordancias: 2.7, 28.1, 59, 60 y 69.2 CPC.

Artículo 62. Sentencias de condena

62.1. Condenas sobre extremos económicos determinables en dinero. En todo pronunciamiento de condena sobre extremos económicos determinables en dinero deberá establecerse de una vez el monto exacto de las cantidades otorgadas, sus adecuaciones hasta la sentencia, incluidos los intereses y las costas.

Si se hubiera demostrado la existencia de dichos extremos pero no su cuantía o extensión, se podrá condenar en abstracto indicando las bases sobre las cuales se ha de hacer la fijación.

62.2. Condenas periódicas. Cuando se impongan condenas a pagar periódicamente sumas de dinero, se establecerán los parámetros para su determinación, adecuación futura y pago. Asimismo, a solicitud de parte podrá realizarse su conmutación.

62.3. Cantidad por liquidar y rendición de cuentas. Cuando se condene a pagar una cantidad por liquidar, procedente de frutos, rentas, utilidades o productos de cualquier clase, así como en la rendición de cuentas, el tribunal otorgará, en la sentencia, un plazo de diez días al obligado para presentar la liquidación o rendición de las cuentas, con arreglo a las bases que establezca. Dicha liquidación se formulará acompañando u ofreciendo la prueba que la sustente, bajo el apercibimiento de que de no hacerlo en ese plazo quedará autorizado el acreedor de pleno derecho, sin necesidad de ulterior resolución, a formular la liquidación o cuenta respectiva.

62.4. Condena de dar. Si en la sentencia se dispone la entrega de un bien se prevendrá al vencido su cumplimiento en el plazo que conferirá el tribunal, de acuerdo con las circunstancias, transcurrido el cual se ordenará la puesta en posesión.

Cuando en la sentencia se condene a la entrega de cantidad determinada de frutos en especie o de efectos de comercio, se le advertirá al deudor que si no cumple en el plazo fijado se convertirán a dinero y se procederá a hacer efectiva la suma resultante.

62.5. Condena de hacer. Si la sentencia obligara a hacer, el tribunal conferirá al vencido un plazo, de acuerdo con las circunstancias, para que cumpla y le advertirá que si no lo hiciera en el plazo dado quedará autorizado el victorioso, de pleno derecho, sin necesidad de ulterior resolución, para realizarlo por cuenta del vencido, quien deberá pagar, además, los daños y perjuicios ocasionados con su negativa.

62.6. Otorgamiento de escritura. En la sentencia que condene a otorgar escritura se concederá al vencido, de acuerdo con las circunstancias, un plazo para su cumplimiento, bajo el apercibimiento de que, de no hacerlo en ese plazo, el tribunal procederá a su otorgamiento en nombre del obligado.

62.7. Sentencia sobre extremos de ejecución imposible. Si al dictar sentencia constara que, a pesar de la procedencia de lo pedido la ejecución resulta imposible, el tribunal podrá disponer que el obligado indemnice a la parte vencedora los daños y perjuicios causados.

Concordancias: 146 a 165 CPC.

Artículo 63. Invariabilidad, adición, aclaración y corrección de errores materiales

Los tribunales no podrán revocar ni modificar sus sentencias pero sí aclarar cualquier pronunciamiento oscuro o contradictorio, o suplir cualquier omisión sobre algún punto discutido. Estas aclaraciones o adiciones solo procederán respecto de la parte dispositiva.

Si la sentencia se dicta oralmente, las partes podrán formularla en el acto y se resolverá de inmediato. También, podrán solicitarla dentro de los tres días siguientes. Si la sentencia se emite por escrito, el tribunal podrá hacerlo de oficio antes de la notificación. Las partes pueden solicitarlo dentro del tercer día y se deberá resolver en el plazo de tres días. La solicitud de adición o aclaración interrumpe el plazo para la interposición de recursos.

Los tribunales podrán corregir en cualquier tiempo los errores puramente materiales, aun en etapa de ejecución.

Concordancias: 2.7, 2.8, 5.5, 41.4.3, 50.1, 58.3, 61.1 CPC.

Artículo 64. Cosa juzgada

Para que se produzca cosa juzgada es necesaria la identidad de sujetos, objeto y causa, la cual puede ser declarada de oficio. Sus efectos se limitan a lo dispositivo. Producen cosa juzgada material las sentencias firmes dictadas en procesos ordinarios y las resoluciones expresamente indicadas por la ley, lo cual hace indiscutible, en otro proceso, la existencia o no de la relación jurídica juzgada. Las sentencias dictadas en los demás procesos tendrán efecto de cosa juzgada formal y la presentación de un proceso ordinario no impedirá su ejecución.

Concordancias: 37.2, 61.2.4, 72.1 CPC.

SECCIÓN II
MEDIOS DE IMPUGNACIÓN

Artículo 65. Disposiciones generales

65.1. Taxatividad de los medios de impugnación. Las resoluciones judiciales solo se podrán impugnar por los medios y en los casos expresamente establecidos. Son medios de impugnación la revocatoria, la apelación, la casación y la revisión.

65.2. Legitimación para impugnar. Solo podrán impugnar quienes sean perjudicados por las resoluciones, según los términos y las condiciones dispuestos por la ley.

65.3. Renuncia al derecho de impugnar. Quien tenga legitimación para impugnar podrá renunciar a su derecho en el acto de la notificación o en el plazo para recurrir. Si la renuncia se hiciera en una audiencia oral, el tribunal tendrá por firme la resolución de forma inmediata, cuando procediera.

65.4. Efectos de la impugnación sobre los plazos. La interposición de los recursos no interrumpirá ni suspenderá los plazos concedidos por la resolución impugnada, para la realización o el cumplimiento de los actos procesales.

65.5 Motivación de la impugnación. La impugnación deberá contener, bajo pena de inadmisibilidad, las razones claras y precisas que ameritan la modificación o nulidad de lo resuelto y el ofrecimiento de las pruebas. Se expresarán primero los motivos de orden procesal y posteriormente los de fondo.

65.6. Prohibición de reforma en perjuicio. La impugnación se considerará solo en lo desfavorable al recurrente. No se podrá enmendar o revocar la resolución en lo que no sea objeto de disconformidad, salvo que la variación, en la parte impugnada, requiera necesariamente modificar otros puntos de la resolución apelada o si fuera necesario para corregir incongruencias, ambigüedades, oscuridades o errores materiales.

65.7. Ejecución provisional. Las sentencias de condena impugnadas, que no hayan adquirido firmeza, podrán ser ejecutadas provisionalmente según lo establecido en las normas que regulan la ejecución.

65.8. Desistimiento de la impugnación. Es procedente el desistimiento de una impugnación antes de que sea resuelta. Se solicitará ante el tribunal que dictó la resolución impugnada o ante el superior. El tribunal ante el que se gestione admitirá el desistimiento sin más trámite ni ulterior recurso y declarará firme la resolución cuestionada. En ningún caso se condenará al pago de las costas del recurso a quien desiste de este.

65.9. Providencias. Contra las providencias no cabrá recurso alguno; sin embargo, los tribunales podrán dejarlas sin efecto o modificarlas dentro de los tres días posteriores a su notificación, bien de oficio o en virtud de observaciones escritas u orales de la parte interesada. Si juzgara improcedentes las observaciones no deberá dictar resolución alguna.

Concordancias: 58 y 67.3 CPC.

Artículo 66. Recurso de revocatoria

66.1. Procedencia, oportunidad y recursos. El recurso de revocatoria será procedente contra los autos y deberá interponerse ante el tribunal que lo dictó, dentro del tercer día, si el auto fuera escrito, o inmediatamente, cuando sea dictado en audiencia.

Sin necesidad de gestión de parte, los tribunales podrán revocar sus propios autos en la audiencia, cuando se trate de una resolución oral o dentro de tres días, en los demás casos.

El auto que deniegue una revocatoria no tendrá recurso alguno.

66.2. Recurso de revocatoria en audiencia. Cuando el recurso de revocatoria se interponga en audiencia, se formulará oralmente y el tribunal resolverá inmediatamente, salvo que se trate de un aspecto complejo que merezca discusión, en cuyo caso se oirá a la parte contraria en el mismo acto.

66.3. Revocatoria y apelación conjuntas. En los casos en que además del recurso de revocatoria sea procedente el de apelación, la interposición de este implicará siempre la interposición del de revocatoria de forma concomitante, aunque no se pida expresamente. En el mismo pronunciamiento se resolverá sobre la revocatoria y la admisión de la apelación.

Concordancias: 50, 58, 65 y 67 CPC.

Artículo 67. Recurso de apelación

67.1. Disposiciones generales. Procederá el recurso de apelación únicamente contra las resoluciones que expresamente se disponga y se formulará ante el tribunal que la dictó.

Cuando se permita que se interponga en audiencia, se deberá hacer de forma inmediata al dictado de la resolución. El plazo para apelar los autos escritos es de tres días y el de las sentencias cinco días. Interpuesto el recurso se emitirá pronunciamiento sobre su admisión y, sin necesidad de resolución expresa, las partes deberán comparecer ante el superior a hacer valer sus derechos dentro del quinto día.

Cuando estuviera pendiente algún acto procesal trascendente, el expediente no se remitirá al superior hasta que este se cumpla. Si estuviera ante aquel y lo necesitara el inferior para dar cumplimiento a alguna actuación, lo pedirá y este lo enviará acto continuo. Deberá ser devuelto al superior con la mayor brevedad posible.

67.2. Prueba en segunda instancia. La admisión de prueba en segunda instancia tendrá carácter restrictivo y excepcional. Únicamente se podrá admitir aquella que sea estrictamente necesaria para resolver los puntos objeto de alzada, cuando no se haya podido ofrecer o practicar en primera instancia por causas ajenas a la parte. El tribunal solo ordenará prueba de oficio, cuando sea indispensable.

67.3. Apelación de autos. Solo son apelables los autos cuando:

1. Denieguen el procedimiento elegido por la parte.

2. Pongan fin al proceso por cualquier causa.

3. Decreten la suspensión o interrupción del proceso.

4. Se pronuncien sobre la solicitud de concesión, modificación, sustitución o levantamiento de una medida cautelar o tutelar.

5. Rechacen la representación de alguna de las partes.

6. Declaren con lugar excepciones procesales.

7. Se pronuncien interlocutoriamente sobre fijación de rentas, pensiones o garantías.

8. Resuelvan sobre acumulación o desacumulación de procesos.

9. Decidan sobre la intervención de sucesores procesales o de terceros.

10. Resuelvan sobre el desistimiento y la transacción.

11. Decreten la nulidad de actuaciones.

12. Emitan pronunciamiento sobre el fondo de un incidente, salvo que denieguen la nulidad.

13. Dispongan la entrega del inmueble por falta de pago de diferencias de alquiler.

14. Se pronuncien sobre la fijación de honorarios.

15. Finalicen la apertura y comprobación de testamentos.

16. Declaren sucesores.

17. Emitan pronunciamiento sobre exclusión o inclusión de bienes.

18. Aprueben o rechacen créditos.

19. Resuelvan sobre la remoción del albacea.

20. Resuelvan de forma definitiva sobre la rendición de cuentas.

21. Denieguen la reapertura del proceso sucesorio.

22. Se pronuncien sobre la adjudicación, transmisión o acto sucesorio realizados en el extranjero.

23. Denieguen la ejecución provisional.

24. Aprueben o imprueben la liquidación de intereses o costas.

25. Ordenen o denieguen el embargo o su levantamiento.

26. Ordenen o denieguen la solicitud del remate.

27. Aprueben el remate.

28. Declaren la insubsistencia del remate.
29. Resuelvan sobre la liquidación del producto del remate.
30. Se pronuncien sobre el fondo de las tercerías.
31. Impongan sanciones conminatorias y disciplinarias.
32. Lo disponga expresamente la ley.

En los procesos de mayor cuantía, los autos que se dicten sobre incidentes o aspectos que no excedan la suma prevista para menor cuantía carecerán de recurso de apelación.

67.4. Apelación diferida. Cuando la apelación de autos o de sentencias anticipadas se formulará en la audiencia de pruebas no se suspenderá el procedimiento, salvo que la resolución apelada le ponga fin al proceso. Si el aspecto recurrido no tiene efectos suspensivos, la apelación se tendrá como interpuesta de forma diferida y condicionada a que la parte impugne la sentencia, reitere la apelación y que el punto tenga trascendencia en la resolución final, en cuyo caso será resuelto al conocer de la sentencia. Si la parte que interpuso el recurso no figura como apelante de la sentencia por haber resultado victoriosa y con motivo de la procedencia del recurso de cualquier otro litigante la objeción recobra interés, la apelación diferida deberá ser considerada.

Si la sentencia lo que admite es el recurso de casación no es procedente la apelación diferida; sin embargo, la parte podrá hacer valer la inconformidad al recurrir contra ella, si lo alegado constituye motivo de casación.

67.5. Apelación de sentencias y efectos. Las sentencias, salvo las dictadas en procesos ordinarios de mayor cuantía, tendrán recurso de apelación. Las que se dicten en ejecución de sentencia únicamente tendrán ese recurso. Su admisión no produce efectos suspensivos; el tribunal mantiene su competencia para seguir conociendo de todas las cuestiones que se tramiten en pieza separada, medidas cautelares, tutelares y ejecución provisional.

67.6. Procedimiento en segunda instancia. Recibido el expediente, en primer término el tribunal revisará la procedencia formal del recurso, el procedimiento y las cuestiones de nulidad propuestas. En todos los casos dispondrá las correcciones que sean necesarias, conservando todas las actuaciones no afectadas por el vicio o que sea posible subsanar.

67.7. Audiencia en segunda instancia y resolución. Si se admite prueba o alguna de las partes lo solicita y el tribunal lo estima pertinente, se fijará una audiencia oral dentro de los quince días siguientes. En la audiencia se practicará la prueba que se admita y harán uso de la palabra los apelantes y posteriormente las demás partes. Los tribunales podrán interrogar a las partes sobre las cuestiones planteadas. Concluida la audiencia, se dictará la resolución final.

Contra lo resuelto por el tribunal no cabrá recurso alguno.

Concordancias: 41.1, 50, 50.6, 58, 60, 61, 65 y 66 CPC.

Artículo 68. Apelación por inadmisión

68.1. Procedencia y plazo. Procederá el recurso de apelación por inadmisión contra la resolución que deniegue un recurso de apelación. Deberá presentarse en el acto si se le denegó en audiencia o, dentro del tercer día, si se trata de una resolución escrita.

68.2. Requisitos y procedimiento. La gestión deberá realizarse ante el mismo tribunal que denegó el recurso y expresará con claridad las razones por las cuales se estima ilegal la denegatoria.

Cuando la apelación por inadmisión se refiera a la denegatoria de una apelación que debió admitirse con efecto diferido, el tribunal de primera instancia se limitará a permitir la interposición del recurso de apelación por inadmisión, el que quedará reservado para que sea resuelto y tomado en consideración en el momento en que el superior se pronuncie sobre el recurso interpuesto contra la sentencia definitiva, siempre que subsista el interés del apelante por inadmisión.

Cuando se refiere a la denegatoria de una apelación que debió admitirse en efecto no diferido, alegada la apelación por inadmisión, el tribunal de primera instancia remitirá el expediente al superior de forma inmediata.

68.3. Efectos de la interposición y resolución. La interposición del recurso de apelación por inadmisión no suspende el curso normal del procedimiento, salvo que el tribunal disponga expresamente lo contrario.

Si la apelación fuera improcedente, el superior confirmará el auto denegatorio. Si la declara procedente, revocará el auto denegatorio y admitirá la apelación. Sin necesidad de resolución expresa, las partes deberán comparecer ante el superior a hacer valer sus derechos dentro del quinto día.

Concordancias: 50, 58, 60, 65, 65.1, 65.2, 65.3, 65.4, 66, 66.3 y 67.3 CPC.

Artículo 69. Recurso de casación

69.1. Resoluciones contra las que procede. El recurso de casación podrá interponerse contra sentencias dictadas en procesos ordinarios de mayor cuantía o inestimables y en los supuestos que la ley señale expresamente.

La modificación del monto fijado para establecer la mayor cuantía, luego de iniciado un proceso, no impedirá el acceso al recurso.

69.2. Causales. El recurso de casación podrá fundarse en razones procesales y de fondo.

Procederá por motivos de orden procesal cuando se funde en lo siguiente:

1. Infracción o errónea aplicación de normas procesales que sean esenciales para la garantía del debido proceso, siempre que la actividad defectuosa no se haya subsanado conforme a la ley.

2. Vulneración del principio de inmediación por ausencia de jueces en la audiencia de prueba, conclusiones o deliberación.

3. Haberse dictado la sentencia por un número menor de los jueces exigidos por ley.

4. Ausencia o contradicción grave en la fundamentación.

5. Haberse fundado en medios probatorios ilegítimos o introducidos ilegalmente al proceso.

6. Incongruencia.

No será motivo para recurrir la falta de pronunciamiento sobre costas, incidentes sin influencia directa en el fondo del asunto, o cuando no se hubiera pedido adición del fallo para llenar la omisión.

Solamente podrá alegar una causal de casación, por razones procesales, la parte a quien hubiera perjudicado la inobservancia de la ley procesal. Además, es indispensable, cuando el procedimiento lo permita, haber gestionado la rectificación del vicio y haber agotado todos los recursos procedentes contra lo resuelto.

Procederá el recurso de casación por razones de fondo, cuando se funde en:

a) Violación de las normas sustantivas aplicables al caso concreto. Esta causal comprende la infracción a las normas legales sobre valoración de la prueba y error en la interpretación de la prueba.

b) Quebranto de la cosa juzgada, siempre que se haya alegado oportunamente esa excepción.

69.3. Forma y plazo. El recurso se interpondrá, ante el tribunal que dictó la resolución recurrida, en el plazo de quince días.

69.4. Requisitos

El recurso deberá indicar:

1. La naturaleza del proceso, las partes y la hora y fecha de la resolución impugnada.

2. La mención de las normas de derecho infringidas o erróneamente aplicadas.

3. La expresión de los motivos concretos constitutivos del fundamento de la casación, expuestos de forma ordenada, clara y concisa.

69.5. Rechazo de plano. El recurso de casación será rechazado de plano cuando:

1. No sea posible identificar el proceso.

2. Sea presentado de forma extemporánea.

3. La resolución impugnada no admita este tipo de recurso.

4. No se expresen con claridad y precisión las infracciones acusadas.

5. Se omita fundamentarlo jurídicamente.

6. Tratándose de una nulidad procesal no sea de las previstas como causal, no sea reclamada ante el tribunal correspondiente, o no se haya interpuesto recurso contra lo resuelto al invocarla.

7. Se refiera a cuestiones no alegadas oportunamente, ni debatidas en el proceso, salvo que se involucren normas imperativas o de orden público.

69.6. Efectos del recurso de casación. La admisión del recurso no produce efectos suspensivos. El tribunal mantiene su competencia para seguir conociendo de todas las cuestiones que se tramiten en pieza separada, medidas cautelares, tutelares y ejecución provisional.

69.7. Procedimiento del recurso de casación

1. Emplazamiento. Presentado el recurso, el tribunal remitirá el expediente y le conferirá un plazo de cinco días a la parte contraria para que acuda ante el superior a hacer valer sus derechos.

2. Admisión y señalamiento para la audiencia. Recibido el expediente, la sala de casación resolverá sobre la admisión del recurso. Si lo admitiera de oficio o a solicitud de partes, y siempre que la sala lo estime pertinente, convocará a la audiencia oral.

3. Prueba en casación. La admisión de prueba en casación tendrá carácter restrictivo y excepcional. Únicamente se podrá admitir aquella que sea estrictamente necesaria para resolver los puntos objeto de impugnación, cuando no se haya podido ofrecer o practicar en primera instancia por causas ajenas a la parte. La sala solo ordenará prueba de oficio cuando sea indispensable.

4. Audiencia oral. La audiencia oral será presidida por el integrante relator. Cuando el señalamiento para audiencia se haga a petición de parte, la ausencia injustificada de la parte recurrente que la pidió implicará el desistimiento de su recurso. La audiencia se iniciará con la identificación del proceso, la mención de las partes intervinientes y la indicación de la forma como se va a desarrollar la audiencia. El presidente dará la palabra, en primer lugar, a la parte recurrente y le indicará el tiempo durante el cual hará su exposición, le requerirá que lo haga de forma ordenada en cuanto a cada uno de los vicios acusados. No se permitirá la lectura de escritos, ni documentos, salvo que se tratara de citas de pruebas o de textos legales o doctrinarios que podrán ser leídos únicamente en lo conducente. Terminada la exposición de los recurrentes, dará la palabra a la parte o las partes contrarias por el mismo tiempo. Cuando se considere necesario, se permitirán réplicas y contrarréplicas. En todo caso, los integrantes podrán solicitar aclaraciones o explicaciones a las partes. Concluida la audiencia, la sala se retirará y deliberará cuantas veces sea necesario para resolver el recurso.

69.8. Sentencia. La sentencia deberá dictarse en el plazo de quince días, contado a partir de la conclusión de la audiencia oral. Se examinará primero la impugnación relativa a vicios procesales y, en caso de no ser procedentes, se analizarán los motivos de fondo.

Si la sentencia es casada por vicios de carácter procesal, se ordenará el reenvío al tribunal, que repondrá los vicios y lo fallará de nuevo, repitiendo la práctica de prueba, si fuera necesario. Cuando se pueda subsanar el vicio, sin infringir el principio de inmediación, tratándose de incongruencia o falta de motivación se dictará sentencia sobre el fondo, sin necesidad de reenvío.

Si la sentencia es casada en cuanto al fondo, dictará una nueva en su lugar. Para ello, tomará en cuenta las defensas de la parte contraria a la recurrente, omitidas o preteridas en la sentencia impugnada, si por haber resultado victoriosa esa parte no hubiera podido interponer el recurso de casación.

69.9. Recursos. Contra las sentencias que dicte la sala de casación no cabrá recurso alguno. Contra las demás resoluciones solo se dará el de revocatoria.

Concordancias: 2.7, 31 a 33, 41.2, 41.3, 41.5, 50, 58, 60, 61, 61.2, 63, 64 y 65.1 CPC

Artículo 70. Casación en interés de la ley

70.1. Procedencia. Es procedente la casación en interés de la ley, en relación con sentencias dictadas en recursos extraordinarios, cuando las salas de casación de la Corte Suprema de Justicia sostengan criterios discrepantes sobre cuestiones procesales o de fondo sustancialmente iguales. Tiene como finalidad procurar la uniformidad de la jurisprudencia.

70.2. Legitimación. Podrán gestionar en interés de la ley la Procuraduría General de la República y la Defensoría de los Habitantes, así como las personas jurídicas y los órganos de derecho público que, por las actividades que desarrollen y las funciones que tengan atribuidas en relación con los criterios cuestionados, acrediten interés legítimo en la unidad jurisprudencial.

70.3. Competencia y procedimiento. Será competente para conocer la Corte Plena. Se regirá en todo cuanto le resulte compatible por lo dispuesto para el recurso de casación. Los integrantes de la sala que hayan participado en los pronunciamientos discrepantes no tendrán impedimento ni podrán ser recusados por ello. El plazo para interponerlo es de un año, a partir de la firmeza de la sentencia más reciente. Se presentará directamente ante la Corte Plena y se acompañará de copia certificada o testimonio de las resoluciones donde quede de manifiesto la discrepancia alegada. El presidente designará al relator y convocará a audiencia oral y pública.

70.4. Sentencia. Las sentencias que se dicten respetarán las situaciones jurídicas particulares derivadas de las resoluciones analizadas y, cuando fuera estimatoria, fijará la doctrina jurisprudencial.

Concordancias: 50, 69.4 y 69.8

Artículo 71. Casación en interés de la jurisprudencia

71.1. Procedencia, competencia y efectos. Es procedente la casación en interés de la jurisprudencia, en relación con las sentencias no impugnables por medio del recurso de casación, cuando sobre temas jurídicos concretos se hubieran dictado fallos contradictorios por los tribunales de justicia y exista interés público en definir la discrepancia. Será competente para conocerlo la respectiva sala de casación, según su competencia. Su formulación no tendrá efectos suspensivos sobre los procesos pendientes.

71.2. Legitimación, selección de temas propuestos y procedimiento

Tendrán legitimación quienes puedan interponer la casación en interés de la ley, así como grupos de tres o más jueces vinculados directamente con los temas propuestos.

La sala respectiva seleccionará, según su criterio, los casos que considere de interés para su análisis y seguirá, en cuanto sea compatible, el procedimiento previsto para la casación en interés de la ley. Lo resuelto contribuirá a informar el ordenamiento jurídico sin efecto vinculante. El pronunciamiento de la sala no afectará las sentencias dictadas con anterioridad.

Concordancias: 50, 69.4, 69.7 y 69.8 CPC.

Artículo 72. Revisión

72.1. Procedencia y causales. La revisión procederá contra pronunciamientos que tengan efecto de cosa juzgada material, siempre que concurra alguna de las siguientes causales:

1. Se hubieran dictado como consecuencia de prevaricato, cohecho o actos fraudulentos declarados en sentencia penal.

2. Cuando medie fraude procesal, colusión u otra maniobra fraudulenta de las partes para alcanzar el fallo.

3. Cuando alguna de las pruebas decisivas del pronunciamiento impugnado hubiera sido declarada falsa en fallo penal firme.

4. Se obtuvieran mediante violencia, intimidación o dolo.

5. Cuando, por fuerza mayor o por actos fraudulentos de la parte contraria, no se hubiera presentado prueba esencial o se hubiera imposibilitado la comparecencia de la parte interesada a algún acto donde se practicó prueba trascendente.

6. Se haya dictado la sentencia sin emplazar al impugnante.

7. Haya existido falta o indebida representación durante todo el proceso o al menos durante la audiencia de pruebas.

8. Que la sentencia sea contradictoria con otra anterior con autoridad de cosa juzgada material, siempre que no se hubiera podido alegar dicha excepción.

9. Que la sentencia sea contradictoria con otra penal posterior con autoridad de cosa juzgada material en la que se establezca si la persona a quien se imputan los hechos que constituyen una infracción penal es o no la autora de ellos.

10. Cuando se hubieran afectado, ilícitamente, bienes o derechos de terceros que no tuvieron participación en el proceso.

11. En cualquier otro caso en que se hubiera producido una grave y trascendente violación al debido proceso.

12. Cuando surjan nuevos medios probatorios científicos o tecnológicos que permitan desvirtuar las conclusiones que se obtuvieron en la sentencia impugnada.

Será necesario que el vicio hubiera causado perjuicio al impugnante y no haya sido posible subsanarlo dentro del mismo proceso en que se produjo. No es procedente la revisión, cuando se sustente en una causal ya conocida y no invocada por el impugnante en una solicitud de revisión anterior.

72.2. Plazos. El plazo para interponer la demanda de revisión será de tres meses, contado a partir del momento en el cual el perjudicado tuviera la posibilidad de alegar la causal respectiva.

No procederá cuando hayan transcurrido diez años desde la firmeza de la sentencia que motiva la revisión.

72.3. Legitimación. La demanda de revisión puede ser interpuesta por quienes hayan sido parte, sus sucesores o causahabientes, la Procuraduría General de la República, cuando los hechos invocados afecten el interés público, las demás instituciones públicas para la tutela de los fines establecidos en sus leyes, y los terceros, cuando se trate de causales establecidas en su interés.

72.4. Competencia y forma de la solicitud. La demanda de revisión deberá presentarse ante la sala de casación correspondiente y tendrá los siguientes requisitos:

1. El nombre, las calidades, el lugar de notificaciones del recurrente y de las otras partes, o de sus causahabientes.

2. La indicación de la clase de proceso donde se dictó la sentencia, la fecha, el tribunal y la oficina en donde se encuentra el expediente.

3. La indicación expresa de la causal y los hechos concretos que la fundamentan. Deberá invocar todos los motivos que conozca al momento de interponerlo.

4. La proposición de prueba.

La demanda de revisión no suspenderá la ejecución de la sentencia recurrida. Sin embargo, de acuerdo con las circunstancias y a petición del impugnante, se podrá suspender la ejecución de la sentencia, previa fijación por la sala del monto de una garantía, para cuya fijación se atenderá al valor de lo discutido en el principal y los daños y perjuicios que pudieran causarse.

72.5. Procedimiento y suspensión. Si la demanda no cumple los requisitos se prevendrá su subsanación. Si los reuniera, la sala solicitará el expediente a la oficina donde se encuentre. Recibido, se pronunciará sobre su admisión y sobre la garantía de suspensión, si hubiera sido solicitado. La demanda y el expediente se unirán para los efectos de la revisión.

Admitida la demanda se emplazará a quienes hubieran litigado en el proceso o a sus causahabientes, por el plazo de quince días. Contestada la demanda o transcurrido el plazo para hacerlo, de oficio o a solicitud de parte, y siempre que la sala lo estime pertinente, convocará a una audiencia oral en la que se admitirán y practicarán las pruebas y se expondrán conclusiones. La emisión de la sentencia se regirá por lo dispuesto para el recurso de casación.

72.6. Sentencia estimatoria. Declarada con lugar la demanda de revisión se anulará, en todo o en parte, la sentencia impugnada, en cuanto sea procedente, y ordenará reponer las actuaciones necesarias. A pesar de la existencia de la causal, si esta no fuera determinante de la decisión impugnada, se podrá mantener incólume lo resuelto.

Dictada la sentencia, se remitirá el expediente al tribunal que dictó la resolución impugnada para que proceda conforme se disponga. Si hubiera que reponer actuaciones, serán eficaces las pruebas recibidas y practicadas en el tribunal que conoció de la revisión.

La nulidad declarada producirá todos sus efectos legales, salvo los derechos adquiridos por terceros, que deban respetarse.

Si la causal invocada es que la sentencia es contradictoria con otra anterior que produzca cosa juzgada material, la sala anulará la sentencia impugnada y dictará la que corresponda.

Si fuera acogida se condenará al vencido al pago de las costas, daños y perjuicios, si este hubiera tenido participación en los hechos determinantes de la nulidad de la sentencia.

72.7. Sentencia desestimatoria y destino de la garantía por suspensión. Cuando la demanda de revisión se declare sin lugar, se condenará al promovente al pago de costas, daños y perjuicios. Cuando se haya rendido garantía para suspender la ejecución del fallo impugnado, esta se le girará a quien o quienes se haya causado perjuicio por la suspensión, como indemnización mínima, según la proporción que determine la sala que conoció de la impugnación.

72.8. Recursos. Contra la sentencia que resuelva la revisión no cabrá recurso alguno. El rechazo por razones meramente formales no impedirá la interposición de una nueva demanda de revisión.

Concordancias: 35.4, 50. 64, 69.8 CPC.

CAPÍTULO V
REPERCUSIÓN ECONÓMICA DE LA ACTIVIDAD PROCESAL

Artículo 73. Pronunciamiento sobre costas

73.1. Condenatoria en costas. En toda resolución que le ponga fin al proceso, de oficio, se condenará al vencido al pago de costas. Se considerarán costas los honorarios de abogado, la indemnización del tiempo invertido por la parte en asistir a los actos del procedimiento en que fuera necesaria su presencia y los demás gastos indispensables del proceso.

73.2. Exención. Se podrá eximir, total o parcialmente, de forma razonada, cuando:

1. La demanda o contrademanda comprenda pretensiones exageradas.

2. El fallo admita defensas de importancia invocadas por el vencido, que modifiquen sustancialmente lo pretendido.

3. Haya vencimiento recíproco trascendente sobre pretensiones, defensas o excepciones.

4. La parte haya ajustado su conducta a la buena fe, la lealtad, la probidad y al uso racional del sistema procesal.

Si no hubiera condenatoria en costas, cada parte pagará las que hubiera causado y ambas partes las que fueran comunes.

73.3. Condena en costas en casos de pluralidad subjetiva. Cuando exista pluralidad de condenados en costas, atendidas las circunstancias, se determinará si la condena es solidaria o divisible. En caso de condena divisible, el juzgador deberá indicar cómo se distribuye la responsabilidad entre los vencidos.

Cuando la condenatoria fuera a favor de varios sujetos, el monto de la condena aprovechará a todos por partes iguales, salvo que se justifique una distribución diferente.

Concordancias: 53, 55, 56.2, 57.2, 61.2.3 y 85 CPC.

Artículo 74. Honorarios y gastos

La Corte Suprema de Justicia reglamentará lo relativo a honorarios de ejecutores, peritos y otros auxiliares judiciales. Ningún servidor judicial podrá percibir remuneración o retribución de las partes por el desempeño de su función. Cuando se permita el pago de gastos de transporte, hospedaje y alimentación, para la realización de actuaciones judiciales, el tribunal deberá fijar un monto prudencial y prevenir su depósito a las partes interesadas antes de su celebración, con expresa indicación de la cantidad correspondiente a cada uno. Al tribunal le corresponde fijar, prudencialmente, las dietas y los gastos de los testigos.

Concordancias: 18, 41.4.1, 43.6 y 73 CPC

Artículo 75. Garantías

Cuando se deba establecer el monto de una garantía, salvo disposición expresa, el tribunal la fijará prudencialmente atendiendo a la naturaleza y entidad de lo que se pretende asegurar. La garantía podrá consistir en dinero, cheques certificados, certificados de inversión, hipotecas, pólizas y garantías bancarias o de instituciones autorizadas. Para su admisión, el tribunal determinará la idoneidad de la garantía y la solvencia del emisor. No se admitirán garantías que tengan plazos de caducidad automática o que, por sus condiciones o términos, hagan difícil su cobro. El tribunal dispondrá lo necesario para que la garantía se mantenga por todo el tiempo que la vigencia sea necesaria. Su exigibilidad no podrá ser en ningún caso mayor a un año plazo.

Solo se admitirá garantía hipotecaria de primer grado sobre bienes inscritos y será necesario presentar un avalúo del inmueble realizado por un profesional idóneo y demostrar que el bien está libre de gravámenes y anotaciones. El avalúo debe detallar la ubicación, la extensión y la naturaleza del inmueble y una relación de todo lo que en él exista. La hipoteca deberá otorgarse a nombre del juzgado respectivo, con vencimiento condicionado al evento garantizado y un interés de mora igual a la tasa básica pasiva vigente en el Sistema Bancario Nacional en el momento del otorgamiento.

Si la garantía estuviera en riesgo de perder su eficacia, el tribunal dispondrá su renovación o sustitución, bajo apercibimiento de ejecutarlas inmediatamente o de dejar sin efecto las medidas o beneficios garantizados.

Concordancias: 409 y ss. CCi, 100 CNot y 80 CPC.

Artículo 76. Honorarios de abogado

76.1. Derecho a honorarios y fijación. Los honorarios de abogado pertenecen a este, con las excepciones establecidas por ley. Cuando la parte fuera abogada y haya actuado personalmente tendrá derecho a ellos. Salvo pacto en contrario, se fijarán en atención al trabajo, al estado y la trascendencia económica del proceso, con base en lo dispuesto en la Ley N.° 13, Ley Orgánica del Colegio de Abogados y Abogadas, de 28 de octubre de 1941, y el decreto de honorarios de abogados y notarios.

76.2. Solicitud conjunta de fijación de honorarios. El cliente y su abogado podrán pedir al tribunal, de común acuerdo, fijar los honorarios del segundo.

76.3. Incidentes de cobro de honorarios de abogado, de rendición de cuentas y responsabilidad profesional. Para la fijación y el cobro de sus honorarios, en relación con su cliente en un proceso determinado, los abogados podrán acudir a la vía incidental. También podrán acudir a esa vía los clientes contra su abogado para pedir rendición de cuentas o responsabilidad profesional. Ambas incidencias deberán presentarse, bajo pena de caducidad de la vía, dentro del año siguiente a la separación del abogado o la terminación del proceso. Se sustanciarán en pieza separada en el mismo proceso y no suspenderán su tramitación. Presentado el incidente por el cliente o el abogado, el incidentado podrá hacer valer los derechos que le confiere esta norma, por vía de reconvención. La resolución final determinará las obligaciones correspondientes a cada una de las partes y la compensación que fuera procedente. Tendrá efecto de cosa juzgada material y solo será impugnable mediante apelación.

76.4. Fijación contractual de honorarios de abogado. Los abogados y sus clientes podrán fijar contractualmente el monto de los honorarios y sus modalidades de pago respetando los límites impuestos por la ley y el decreto respectivo. Dicha estipulación no afectará a las partes contrarias del proceso, para efectos de fijación de costas personales.

76.5. Convenio de cuota litis. Es lícito el convenio de cuota litis entre el abogado y su cliente, siempre que no exceda del cincuenta por ciento (50%) de lo que, por todo concepto, se obtenga en el proceso respectivo, porcentaje que comprenderá hasta el proceso de ejecución de sentencia, de cualquier naturaleza que este sea, en el caso en que el profesional supedite el cobro de sus emolumentos al triunfo de la demanda u otro resultado favorable que las partes determinen. El convenio deberá constar por escrito y disponer el modo cómo se han de repartir o asumir los gastos, garantías o los resultados adversos del proceso. Será nula cualquier estipulación que conceda mayores beneficios a favor del abogado aun por intermedio de terceros y la cesión que se haga con la finalidad de permitir el ejercicio ilegal de la profesión de abogado.

No podrá cobrar suma alguna el abogado que renuncia sin justa causa. Si la separación se diera por imposibilidad legal o material, o por decisión unilateral del cliente, antes de que el proceso concluya, el abogado o sus causahabientes tendrán derecho a una retribución proporcional a la contribución del profesional en la obtención del resultado favorable que, en definitiva, se alcanzara. Dicho honorario se liquidará una vez concluido el proceso o definida la situación jurídica de la cual dependía el honorario de éxito. Cuando se suscriba con varios abogados se establecerán las obligaciones de cada uno, el porcentaje estipulado se distribuirá proporcionalmente entre ellos o conforme a lo pactado y la separación de uno de los abogados no implica terminación del contrato, salvo disposición en contrario.

También es lícito el contrato mixto, en el que la retribución del abogado se componga, en parte, de un honorario fijo no ligado al resultado y, en parte, a la obtención de los resultados favorables definidos en el contrato. Este acuerdo se regirá por el principio de libertad contractual y quedará sujeto a los controles de equidad del derecho común.

No podrán ser embargados por deudas del cliente la parte de los honorarios que corresponde al abogado.

El cliente no podrá transigir ni renunciar a la parte de los honorarios que corresponde al abogado.

Concordancias: 20, 37.2, 38, 73, 86 y 113 CPC.

TÍTULO III
TUTELA CAUTELAR

CAPÍTULO I
DISPOSICIONES GENERALES

Artículo 77. Oportunidad, legitimación y responsabilidad

En cualquier tipo de proceso, antes o durante el procedimiento, se podrá solicitar la adopción de medidas cautelares. Salvo disposición expresa en contrario, estas se decretarán a solicitud de parte y bajo su responsabilidad.

Concordancias: 2.4, 8.4, 79 y 93 CPC.

Artículo 78. Presupuestos y finalidad

Las medidas cautelares serán admisibles cuando exista peligro de pérdida, alteración, daño actual o potencial del derecho o intereses jurídicamente relevantes, o cuando sea necesario asegurar resultados futuros o consolidar situaciones jurídicas ciertas o posibles. Para decretarlas, el tribunal analizará la probabilidad o verosimilitud de la pretensión.

Concordancias: 41 Co. Po., 35.5, 77, 79 y 95 CPC.

Artículo 79. Admisibilidad

Para decidir sobre la admisibilidad de la tutela cautelar se apreciará la apariencia de buen derecho, la proporcionalidad y razonabilidad de la medida, su relación con la pretensión y la eventual afectación a terceros o al interés público. Se podrá disponer una medida cautelar distinta de la solicitada si se considera adecuada y suficiente. Cuando se admita se determinará su contenido, duración y se prevendrá garantía si es necesaria.

No se decretarán cuando se pretenda afectar situaciones de hecho consentidas por el solicitante durante largo tiempo, salvo que justifique las razones por las que dichas medidas no se han solicitado hasta entonces.

Concordancias: 28.1, 77, 78, 82 y 84 CPC.

Artículo 80. Garantías

Para solicitar y decretar una medida cautelar será necesario que se rinda una garantía, salvo que por disposición expresa se exima de esa carga. En la misma resolución en la que se conceda la medida se fijará el importe de la caución, según lo dispuesto por este Código en cuanto a garantías. La medida no se ejecutará mientras la caución no se haya rendido.

Excepcionalmente, a criterio del tribunal podrá eximirse de rendir garantía a quien solicite una medida cautelar, cuando existan motivos fundados o prueba fehaciente de la seriedad de la pretensión o se trate de procesos de interés social.

Concordancias: 75, 79 y 82 in fine CPC.

Artículo 81. Modificación de las medidas cautelares

A solicitud de parte, salvo disposición expresa en contrario, las medidas cautelares podrán ser modificadas a criterio del tribunal, cuando las circunstancias lo justifiquen.

Concordancias: 28.1, 67.3.4, 78, 82, 84 y 93 a 96 CPC.

Artículo 82. Sustitución y levantamiento de las medidas cautelares

Las medidas cautelares podrán ser sustituidas o levantadas, salvo que lo impida su naturaleza o exista peligro de que el derecho del accionante se vuelva nugatorio. El solicitante deberá rendir garantía suficiente para tutelar los intereses del beneficiario. Para decidir el tribunal se ajustará a los principios de proporcionalidad y razonabilidad.

Concordancias: 28.1, 67.3.4, 75, 78, 80, 81, 82, 84 y 93 a 96 CPC.

Artículo 83. Caducidad de las medidas cautelares

Las medidas cautelares caducarán en el plazo de un mes a partir de su decreto, cuando no se ejecuten en ese plazo por culpa del solicitante. Caducarán en el mismo plazo si después de ejecutadas no se establece la demanda.

Asimismo, caducarán cuando transcurran tres meses de inactividad del proceso imputable al solicitante, siempre que no proceda la caducidad del proceso.

Concordancias: 57 CPC.

Artículo 84. Imposibilidad de reiterar medidas cautelares

Rechazada, levantada o declarada la caducidad será prohibido decretar las mismas medidas cautelares, salvo que se aleguen motivos diferentes, sustentados en hechos nuevos o distintos.

Concordancias: 5.3, 6 y 83 CPC.

Artículo 85. Condena al pago de costas, daños y perjuicios

Se podrá condenar al solicitante de una medida cautelar al pago de daños, perjuicios y costas, cuando:

1. Se declare la caducidad de la medida.

2. Se ordene la cancelación por improcedente.

3. Se hubiera solicitado y ejecutado de manera abusiva.

4. La demanda sea declarada inadmisible, improponible o denegada en sentencia.

5. El proceso finalice por renuncia, desistimiento o caducidad

La condenatoria se decretará en la resolución que ordene el levantamiento de la medida cautelar y su cuantía se establecerá, si fuera necesario, mediante el procedimiento de ejecución que corresponda. Si la medida forma parte de un proceso principal, sobre dicha condenatoria se resolverá en sentencia.

Cuando este Código establezca la obligación de rendir una garantía por monto fijo, esta se hará efectiva a favor del afectado como indemnización mínima, sin perjuicio de que reclame por dichos extremos una suma mayor.

Concordancias: 5.4, 6, 35.4, 35.5, 53, 56, 57, 61.2, 63, 75, 80 y 83 CPC.

CAPÍTULO II
MEDIDAS CAUTELARES

Artículo 86. Embargo preventivo

86.1. Procedencia. Para impedir que el deudor, mediante el ocultamiento o la distracción de bienes, pueda eludir una eventual responsabilidad patrimonial, el acreedor podrá pedir que se decrete embargo preventivo.

86.2. Garantía. Con la solicitud se deberá depositar una garantía correspondiente al veinticinco por ciento (25%) del monto por el que se pide el embargo. Dicha caución no es necesaria si la gestión se funda en un título ejecutivo. La garantía podrá reducirse, en proporción al valor de lo efectivamente embargado, cuando no se encuentren suficientes bienes del deudor en los cuales hacer recaer la medida.

86.3. Reducción y levantamiento del embargo preventivo. El embargo preventivo podrá reducirse cuando exceda el monto reclamado; se levantará cuando el embargado deposite el monto por el que se decretó.

Concordancias: 111.3, 152 y 154 CPC.

Artículo 87. Anotación de demanda

Procederá la anotación de la demanda, en bienes inscritos en registros públicos o privados que afecten a terceros, sin necesidad de rendir garantía, cuando se pida la constitución, modificación o extinción de un derecho real o personal con efectos reales.

Los tribunales efectuarán la anotación o librarán mandamiento a la oficina o la entidad respectiva, con expresión del nombre, los apellidos y el número del documento de identificación del actor y el demandado, si lo tuviera, así como las citas de inscripción del bien en litigio. Anotado el mandamiento, cualquier acto relativo a los bienes se entenderá verificado sin perjuicio del derecho del anotante.

Concordancias: 448 C.Ci., 89 y92 CPC.

Artículo 88. Administración e intervención de bienes productivos

88.1. Procedencia y contenido. Se podrá disponer la administración o intervención de bienes productivos, cuando se pretenda su entrega a título de dueño, usufructuario o cualquier otro que comporte interés legítimo en mantener o mejorar la productividad, o cuando la garantía de esta sea de primordial interés para la efectividad de la condena que pudiera recaer.

La resolución que disponga una intervención judicial necesariamente fijará su plazo, que podrá ser prorrogado mediante la justificación sumaria de su necesidad y las facultades del interventor o administrador, que se limitarán a las estrictamente indispensables para asegurar el derecho que se invoque; en lo posible, se deberá procurar la continuación de la explotación intervenida.

El tribunal fijará la retribución mensual del interventor o administrador, la cual será pagada por el solicitante o, si median circunstancias que así lo determinen, por el patrimonio intervenido, sin perjuicio de lo que en definitiva se decida respecto de la parte que deba soportar el pago. Para determinar dicha retribución se tomará en cuenta la complejidad de la administración y las atribuciones que se confieran al interventor o administrador.

88.2. El interventor o administrador. El tribunal le asignará las facultades respectivas al interventor o administrador. Cuando sea necesario le otorgará atribuciones para coadministrar con el titular y, en casos muy calificados, hasta para sustituirlo.

Son obligaciones del interventor las siguientes:

1. Desempeñar el cargo personalmente. Cuando se le autorice podrá hacerlo en asocio con otros o servirse de asesores.

2. Exigir la entrega de los bienes y los derechos que deban estar bajo su custodia o administración.

3. Velar por la conservación de los bienes y los derechos.

4. Informar sobre el estado de los bienes y la actividad u operaciones desarrolladas, con la periodicidad fijada por el tribunal.

5. Informar al tribunal y a las partes de toda irregularidad advertida en la administración.

6. Rendir un informe final de su gestión.

Son aplicables al interventor o administrador las normas de los peritos sobre incompatibilidad, nombramiento, aceptación, honorarios y remoción. Los mismos principios se aplicarán para el nombramiento de fiscales, auditores o agentes, cuando fuera necesario nombrarlos por encontrarse en circunstancias análogas.

88.3. Cesación de la administración o intervención. La administración o intervención cesará cuando se hubiera cumplido con el fin perseguido, se constatara la falta de justificación de la medida o el intervenido depositara en el proceso las sumas reclamadas, o diera garantía suficiente de cumplimiento de las obligaciones legales o contractuales.

Concordancias: 78, 93 a 97 CPC.

Artículo 89. Suspensión provisional de acuerdos sociales, condominales y similares

Cuando se impute la infracción de derechos legales o convencionales, referidos a acuerdos sociales, condominales o de otras agrupaciones legalmente constituidas, se podrá disponer la suspensión provisional de los efectos del acuerdo impugnado. Para impedir la ejecución se podrá ordenar la anotación de la medida en el registro respectivo. Cuando se tratara de sociedades comerciales, el solicitante deberá demostrar y representar al menos el diez por ciento

(10%) del capital. Si se tratara de otras personas jurídicas o entidades, deberá demostrar que es titular de cuotas en la misma proporción.

Concordancias: 179 Co Co., 8.4 y 87 CPC.

Artículo 90. Depósito de bienes muebles o inmuebles

El depósito de los bienes muebles o inmuebles objeto de litigio procederá cuando la demanda pretenda su entrega y se encuentre en posesión del demandado. El tribunal designará depositario, fijará sus honorarios y ordenará el inventario, si fuera indispensable.

Concordancias: 1360 a 1366 CCI

Artículo 91. Prohibición de innovar, modificar, contratar o cesar una actividad

Cuando un bien o derecho pueda sufrir menoscabo o deterioro por causa de modificación o alteración en el curso del proceso, se podrá ordenar la prohibición de innovar, modificar o contratar, así como de cesar una actividad o abstenerse temporalmente de llevar a cabo una conducta o prestación. Estas prohibiciones se dispondrán siempre que la cautela no pudiera obtenerse por medio de otra medida cautelar expresamente prevista.

Concordancias: 78 y 87 CPC.

Artículo 92. Otras medidas cautelares

Además de las medidas cautelares expresamente contempladas por el ordenamiento jurídico, el tribunal podrá adoptar todas las que sean necesarias para asegurar la efectividad de la tutela judicial que pudiera otorgarse en la sentencia. Se podrá ordenar el depósito temporal de ejemplares; la intervención y el depósito de ingresos; otras anotaciones registrales, de casos de que la publicidad registral sea útil para el fin de la ejecución; la formación de inventarios; el decomiso de bienes; la ineficacia provisional de cláusulas contractuales; el acceso a fundos enclavados, y cualquier otra de naturaleza conservativa, innovativa o anticipativa que sea procedente, de acuerdo con las circunstancias.

Concordancias: 28.1, 61.2, 78 y 79 CPC.

CAPÍTULO III
PROCEDIMIENTO

Artículo 93. Solicitud de las medidas cautelares

En la solicitud se deberá indicar el nombre y las calidades de las partes, el objeto del proceso, la medida cautelar que se pide, la causa o el título que origina la tutela, la finalidad, la justificación, la prueba cuando sea necesaria, la estimación actual o aproximada de la demanda y el medio para atender notificaciones si no se hubiera indicado previamente. Asimismo, deberá ofrecerse la prestación de garantía, especificando de qué tipo se ofrece y con justificación del importe que se propone.

Concordancias: 75 y 80 CPC.

Artículo 94. Convocatoria y celebración de audiencia

Como regla general, antes de la adopción de una medida cautelar se dará intervención a la parte contraria. Para tal efecto, recibida la solicitud, se convocará a las partes a una audiencia oral que se celebrará a la mayor brevedad posible, de manera preferencial. En la audiencia se oirá a las partes y se admitirá y practicará la prueba que sea necesaria.

Concordancias: 2.8, 41.4 y 50 CPC.

Artículo 95. Admisión de la medida cautelar

Al resolver, el tribunal fijará con precisión la medida o las medidas que se admiten y determinará la forma, la cuantía y el tiempo en que deba prestarse la caución. Se dispondrá lo necesario para el efectivo cumplimiento de lo que ordene.

Concordancias: 28.1 y 61.2 CPC

Artículo 96. Admisión provisional sin audiencia

El embargo preventivo y la anotación de la demanda se ordenarán provisionalmente sin audiencia a la parte contraria. También, podrán decretarse, provisionalmente, sin previa audiencia otras medidas cautelares, cuando el solicitante lo pida y acredite que concurren razones de urgencia o que la realización de audiencia puede comprometer su finalidad. La resolución que ordene provisionalmente la medida cautelar sin audiencia no tendrá recurso alguno.

Notificado el afectado, respecto de la adopción de la medida, podrá oponerse en el plazo de tres días; solicitar, de forma justificada, su levantamiento o modificación y ofrecer la prueba pertinente. La falta de oposición implicará conformidad con la medida. Si se formula oposición se convocará a las partes a una audiencia oral que se celebrará a la mayor brevedad posible, en esta se decidirá si las medidas provisionales se mantienen, se modifican o se levantan.

Concordancias: 94 CPC

Artículo 97. Ejecución de las medidas cautelares

Las medidas cautelares decretadas se ejecutarán inmediatamente; ningún recurso, incidente o petición podrá detener la ejecución. Si la medida fuera ejecutada con conocimiento del afectado, sin haber sido notificado formalmente, se le deberá notificar posteriormente. Si la parte interviene en la ejecución de la medida, se le notificará en ese acto.

Concordancias: 65.4 CPC.

TÍTULO IV
NORMAS PROCESALES INTERNACIONALES

Artículo 98. Normativa aplicable

Tratándose de cooperación judicial internacional se aplicarán las disposiciones de los tratados y los convenios internacionales vigentes y en su ausencia la normativa nacional. En ningún caso se aplicará de oficio el derecho extranjero, salvo si las partes fundan su derecho en una ley extranjera y acreditan legalmente su existencia, vigencia, contenido e interpretación. Cuando sea aplicable, el derecho extranjero deberá interpretarse como lo harían los tribunales del Estado a cuyo orden jurídico pertenece. Solo se podrán declarar inaplicables los preceptos de la ley extranjera, cuando estos contraríen manifiestamente los principios esenciales del orden público internacional en los que el Estado asienta su individualidad jurídica. Los procesos, cualquiera que sea su naturaleza, se sujetarán al ordenamiento nacional.

Concordancias: Convenio Sobre la Notificación o Traslado en el Extranjero de Documentos Judiciales y Extrajudiciales en Materia Civil o Comercial Ley N.º 9314 octubre 2015, Código de Bustamante y Convención Interamericana de Exhortos y Cartas Rogatorias

Artículo 99. Eficacia de sentencias y laudos extranjeros

99.1. Eficacia de las sentencias y laudos reconocidos. Las sentencias y los laudos reconocidos, de cualquier materia, tendrán efectos de cosa juzgada en el territorio nacional.

99.2. Requisitos de la solicitud de reconocimiento. Para el reconocimiento de sentencias y laudos extranjeros deberán cumplirse los siguientes presupuestos:

1. Se deberá presentar copia auténtica de la resolución, expedida por la autoridad judicial o el árbitro encargado de dictarla en el país de origen, en la que conste que se han cumplido los requisitos diplomáticos o consulares exigidos por el país de procedencia y Costa Rica.

2. Se adjuntará traducción oficial de la resolución, cuando el fallo se hubiera dictado en otro idioma.

3. Se deberá acreditar que en el proceso donde recayó la resolución internacional se cumplió legalmente con el emplazamiento del demandado y, en caso de rebeldía, que se le declaró como tal, conforme a la normativa del país de origen.

4. La pretensión invocada no debe ser competencia exclusiva de los órganos jurisdiccionales costarricenses, debe tener conexión con Costa Rica y no ser manifiestamente contraria al orden público nacional.

5. No debe existir en Costa Rica un proceso en trámite o sentencia con autoridad de cosa juzgada.

99.3. Competencia y procedimiento. Corresponderá a cada una de las salas de casación, según su competencia, conocer sobre el reconocimiento y la eficacia de las sentencias y los laudos extranjeros. Para tal efecto, se seguirá el procedimiento incidental.

Contra la resolución final no cabrá recurso y en ningún caso se podrá suspender la ejecución ordenada.

Denegado el reconocimiento, se devolverá la documentación a quien la haya presentado. Si el rechazo se debió a cuestiones formales, una vez subsanadas, se podrá formular nueva solicitud.

Si se concediera el reconocimiento, se comunicará al juzgado del lugar donde esté domiciliado el obligado para su ejecución. Si el demandado estuviera domiciliado fuera de Costa Rica, será competente el tribunal del lugar que elija el demandante.

Si se desconociera el domicilio del demandado, se procederá al nombramiento del curador procesal y el obligado podrá comparecer en cualquier momento, pero tomará el proceso en el estado en que se encuentre.

Concordancias: Convención de Nueva York sobre Reconocimiento de laudos arbitrales.

Artículo 100. Auxilio judicial internacional

Las solicitudes de auxilio judicial provenientes de tribunales o árbitros extranjeros serán tramitadas por la sala competente por razón de la materia. En defecto de tratados o convenios, se tramitarán de acuerdo con las leyes procesales nacionales; no obstante, a solicitud del tribunal requirente podrán observarse procedimientos específicos establecidos por la sala, previniendo el cumplimiento de cualquier requisito que se considere necesario.

De ser procedentes se cumplirá lo solicitado, se ordenará notificar a los interesados y se tomarán las medidas necesarias para garantizar el debido proceso y el efectivo cumplimiento de lo solicitado. Las salas solo tramitarán cartas rogatorias de órganos jurisdiccionales.

Concordancias: Convención de Nueva York sobre Reconocimiento de laudos arbitrales.

LIBRO SEGUNDO
PROCESOS

TÍTULO I
PROCESOS DE CONOCIMIENTO

CAPÍTULO I
PROCESO ORDINARIO

Artículo 101. Ámbito de aplicación

Las pretensiones que no tengan un procedimiento expresamente señalado se tramitarán por el proceso ordinario.

Concordancias: 3, 23, 103.1 y 10.1 CPC.

Artículo 102. Procedimiento

102.1. Inicio y plazo para contestar la demanda y reconvención. Si la demanda cumple los requisitos legales se emplazará a la parte demandada con las prevenciones que sean pertinentes. Para la contestación y reconvención, el tribunal dará un plazo perentorio de treinta días.

102.2. Procedimiento sin audiencia o en única audiencia. Si por la naturaleza o circunstancias del proceso, porque no existe prueba que practicar o por cualquier otra razón a criterio del tribunal, no se justifica el señalamiento para audiencia, se prescindirá de esta. Asimismo, el tribunal podrá disponer que el proceso se tramite en una única audiencia.

102.3. Audiencia preliminar. Contestada la demanda o reconvención, si no existe aspecto procesal que amerite resolución interlocutoria, si es necesario, se señalará hora y fecha para la audiencia preliminar que deberá realizarse a la mayor brevedad posible. Esta audiencia la realizará uno de los jueces del tribunal del lugar donde esté radicado el proceso. En dicha audiencia se cumplirán las siguientes actividades:

1. El informe a las partes sobre el objeto del proceso y el orden en que se conocerán las cuestiones a resolver.

2. La conciliación.

3. La ratificación, la aclaración, el ajuste y la subsanación de las proposiciones de las partes, cuando a criterio del tribunal sean oscuras, imprecisas u omisas, cuando con anterioridad se hubiera omitido hacerlo.

4. La contestación por el actor o el reconventor de las excepciones opuestas, el ofrecimiento y la presentación de contraprueba.

5. La recepción, la admisión y la práctica de prueba pertinente sobre alegaciones de actividad procesal defectuosa no resueltas anteriormente, vicios de procedimiento invocados en la audiencia y excepciones procesales.

6. La resolución sobre alegaciones de actividad procesal defectuosa, excepciones procesales y saneamiento.

7. La definición de la cuantía del proceso.

8. La fijación de lo que será objeto del debate.

9. La admisión de pruebas, las disposiciones para su práctica y el señalamiento para la audiencia complementaria cuando sea necesaria.

10. La resolución sobre suspensión, la cancelación o la modificación de medidas cautelares, cuando exista solicitud pendiente.

102.4. Dictado de la sentencia al finalizar la audiencia preliminar. Si por la naturaleza o circunstancias del proceso, porque no existe prueba que practicar o por cualquier otra razón, a criterio del juez, no se justifica el señalamiento para la audiencia complementaria, se omitirá la realización de esa actividad. En ese caso, al finalizar la audiencia preliminar se le dará a las partes la oportunidad de formular sus conclusiones y se dictará la sentencia.

102.5. Audiencia complementaria. La audiencia complementaria deberá realizarse dentro de los veinte días siguientes a la celebración de la audiencia preliminar, salvo que se justifique un plazo mayor. En esta audiencia deberán cumplirse las siguientes actividades:

1. La práctica de prueba.

2. Las conclusiones de las partes.

3. La deliberación y el dictado de la sentencia.

Concordancias: 2.7, 2.8, 30.2, 31 a 33, 35, 35.3, 36, 37, 37.3, 41.3, 41.4, 50, 51, 59, 60, 61, 93 a 97, 102.3, 102.5 y 103.3 CPC.

CAPÍTULO II
PROCESO SUMARIO

Artículo 103. Disposiciones generales

103.1. Ámbito de aplicación y pretensiones. Estas disposiciones generales se aplicarán a todos los procesos sumarios, sin perjuicio de las reglas especiales previstas para determinadas pretensiones. Por el procedimiento sumario se tramitarán las siguientes:

1. El desahucio y el cobro de obligaciones dinerarias líquidas y exigibles, cuando no correspondan al proceso monitorio.

2. Las derivadas de un contrato de arrendamiento.

3. Las interdictales.

4. La suspensión de obra nueva.

5. El derribo.

6. De jactancia.

7. Las relativas a la posesión provisional de muebles, excepto dinero.

8. La entrega o la devolución de bienes, cuando haya título que acredite el respectivo derecho u obligación.

9. Las controversias sobre la administración de la copropiedad, la propiedad horizontal y el dominio compartido.

10. Sobre la prestación, la modificación o la extinción de garantías.

11. La solicitud de autorización a fin de ingresar en predio ajeno, cuando lo permita la ley.

12. El cobro de créditos garantizados por el derecho de retención sobre bienes muebles.

13. El restablecimiento del derecho de paso fundado en un título preexistente, cuando no proceda el interdicto.

14. Las que se dispongan en leyes especiales.

103.2. Inicio y plazo para contestar la demanda. Si la demanda cumple los requisitos legales se emplazará a la parte demandada con las prevenciones que sean pertinentes. Para contestar la demanda, el tribunal dará un plazo de cinco días.

103.3. Audiencia. El proceso sumario se substanciará en una única audiencia. Cuando sea necesario, de acuerdo con la naturaleza y las circunstancias del proceso, se señalará la hora y la fecha para la audiencia, que se celebrará a la mayor brevedad posible. Al efecto, el tribunal determinará las pruebas que deban practicarse antes de la audiencia y tomará las disposiciones pertinentes para que esta se verifique antes de ese acto. Las partes deberán comparecer a la audiencia con todas las fuentes de prueba ofrecidas y que pretendan proponer.

Según las particularidades de cada proceso sumario, en la audiencia se cumplirán las siguientes actividades:

1. El informe a las partes sobre el objeto del proceso y el orden en que se conocerán las cuestiones a resolver.

2. La conciliación.

3. La aclaración de las proposiciones de las partes, cuando a criterio del tribunal sean oscuras, imprecisas u omisas, cuando con anterioridad se hubiera omitido hacerlo.

4. La contestación por el actor de las excepciones opuestas, el ofrecimiento y la presentación de contraprueba.

5. La recepción, la admisión y la práctica de prueba pertinente sobre las alegaciones de actividad procesal defectuosa no resueltas anteriormente, los vicios de procedimiento invocados en la audiencia y las excepciones procesales.

6. La resolución sobre las alegaciones de actividad procesal defectuosa, las excepciones procesales y el saneamiento.

7. La definición de la cuantía del proceso.

8. La fijación de lo que será objeto del debate.

9. La admisión y la práctica de pruebas.

10. La resolución sobre la suspensión, la cancelación o la modificación de medidas cautelares, cuando exista solicitud pendiente de resolución.

11. Las conclusiones de las partes.

12. El dictado de la sentencia.

103.4. Sentencia desestimatoria y conversión a ordinario. Cuando la sentencia sea desestimatoria se revocará cualquier acto de ejecución o medida cautelar que se hubiera acordado. No obstante, el actor podrá solicitar en el plazo de diez días, a partir de la firmeza de la sentencia desestimatoria, que el proceso sumario se convierta en ordinario. Cuando se admita la conversión se conservarán las medidas cautelares obtenidas mediante caución, así como la anotación de la demanda y tendrá eficacia toda la prueba practicada con anterioridad, siempre que no se vulnere el principio de inmediación.

Concordancias: 307 C.Ci., 2.7, 2.8, 23, 30.2, 31 a 33, 35, 35.3, 36, 37, 37.3, 41.3, 41.4, 41.4.9, 50, 51, 59, 60, 61, 64 in fine, 75, 80, 87, 93 a 97, 101, 102.5.2 y 104 a 109 CPC.

Artículo 104. Proceso sumario de desahucio

104.1. Procedencia. Procederá el desahucio cuando se pretenda la desocupación de un inmueble como consecuencia de la terminación del contrato de arrendamiento en los casos previstos por la ley, o hacer cesar la mera tolerancia.

Se exceptúan las pretensiones que deban ventilarse por el proceso monitorio.

La causal de expiración del plazo procederá únicamente cuando el demandante demuestre que manifestó por escrito la voluntad de no renovar el contrato, de conformidad con el artículo 71 de la Ley N.° 7527, Ley General de Arrendamientos Urbanos y Suburbanos, de 10 de julio de 1995.

104.2. Legitimación. Podrá establecer el desahucio quien compruebe su condición de propietario, arrendante o subarrendante, o de poseedor sobre el inmueble por título legítimo, o quien acredite que su derecho deriva de quien tuvo facultad para concederlo. El desahucio procederá contra el arrendatario, el subarrendatario, el cesionario, o los poseedores del inmueble.

104.3. Requisitos de la demanda, documentos. Además de los requisitos dispuestos por disposiciones generales y las leyes especiales, en la demanda se deberá consignar la causal de desalojo, el monto de renta vigente, la fecha de pago y el lugar donde está ubicado el inmueble. Se deberá acreditar la propiedad de la finca o del derecho del actor y la existencia del contrato de arrendamiento, si lo hubiera. Cuando la pretensión se relacione con una vivienda, se deberá demostrar el valor fiscal del inmueble sobre el valor actual del terreno y la edificación o, en su defecto, si ese avalúo tiene más de cinco años, avalúo practicado por un ingeniero o arquitecto incorporados.

104.4. Emplazamiento e intervención de terceros. Con el emplazamiento, en toda demanda sustentada en un contrato que implique el pago de rentas, el tribunal prevendrá al demandado la obligación de depositar en la cuenta y a la orden del despacho los alquileres posteriores a la demanda, bajo pena de ordenar el desalojo de forma inmediata en caso de incumplimiento. Si hubiera duda sobre el monto del alquiler, el tribunal determinará prudencialmente la suma a depositar. Cuando se ordene la entrega del inmueble por falta de pago de las rentas posteriores, se dará por terminado el proceso de desahucio y se condenará al demandado al pago de costas.

Cuando terceros posean o subarrienden el inmueble, sin consentimiento del arrendador, no será necesario demandarlos, se les notificará para que hagan valer sus derechos.

104.5. Sentencia. En la sentencia estimatoria se ordenará al demandado la entrega del inmueble en un plazo razonable que conferirá el tribunal, de acuerdo con las circunstancias; transcurrido este, se ordenará la puesta en posesión.

104.6. Alquileres insolutos y derecho de retención. Firme la sentencia que declare con lugar el desahucio, el actor podrá gestionar por la vía incidental que se condene al demandado a pagarle las cuotas de arrendamiento no satisfechas y los servicios y otros gastos inherentes al vínculo arrendaticio que el inquilino no hubiera cubierto. Para garantizar el pago, desde el inicio del proceso incidental el actor podrá solicitar que se realice un inventario de bienes en el inmueble arrendado, y con base en este indicará cuáles deben mantenerse en ese lugar como garantía. Mientras no se satisfaga la obligación, el actor podrá ejercer el derecho de retención sobre ellos, de acuerdo con lo que establece la Ley N.° 7527, Ley General de Arrendamientos Urbanos y Suburbanos, de 10 de julio de 1995, y la Ley N.° 63, Código Civil, de 28 de setiembre de 1887.

Concordancias: 14, 58, 67, 69, 115, 45, 44, 48, 80, 114 LGAUS, 328, 1125 y 1147 C.C., 21, 22.2, 22.4, 30.4, 35.1, 36, 61, 62.4, 73, 105, 112, 113 y 148 CPC.

Artículo 105. Reajuste del precio del arrendamiento

105.1. Procedencia. Será procedente el proceso sumario de reajuste del precio del arrendamiento, cuando se pretenda modificar el monto de la renta en los casos previstos por la ley.

105.2. Requisitos de la demanda y documentos. Además de los requisitos dispuestos por disposiciones generales y las leyes especiales, en la demanda se deberá consignar la ubicación exacta del inmueble, el precio de la renta vigente, la antigüedad de la renta y la nueva renta pretendida. Se acreditará la propiedad y la existencia del contrato de arrendamiento, si lo hubiera.

105.3. Renta provisional. En la resolución inicial, a solicitud de parte, el tribunal fijará una renta provisional de alquiler, la cual deberá depositar el arrendatario a partir de la mensualidad siguiente a su firmeza, sin perjuicio de que el monto sea modificado en sentencia. En caso de incumplimiento, a solicitud de parte, se ordenará la entrega inmediata del inmueble y si es necesario el desalojo. Las sumas depositadas a título de renta serán giradas de inmediato al actor.

105.4. Sentencia estimatoria. En la sentencia estimatoria se fijará el monto de la renta que regirá y su período de vigencia.

105.5. Efectos de la sentencia y diferencias entre la renta provisional y la definitiva. El precio fijado en la sentencia será retroactivo a la mensualidad siguiente a la notificación de la demanda. Si resulta mayor al fijado provisionalmente, en esa misma resolución se concederá al arrendatario un plazo de tres meses para que deposite al juzgado la totalidad de las diferencias, bajo apercibimiento que de no hacerlo se ordenará la entrega del inmueble y si es necesario el desalojo. Cuando se ordene la entrega del inmueble por falta de pago de las diferencias, se podrá reclamar el pago en el mismo expediente y ejercer derecho de retención en los mismos términos en que está previsto para el proceso de desahucio. Si el precio resulta menor, las diferencias se le devolverán al arrendatario dentro del mismo plazo o se aplicarán a rentas futuras, a su elección.

Concordancias: 56, 57, 58, 61, 62, 63 LGAUS, 328 y 1125 C.C., 21, 35.1, 36, 61, 62.4, 73, 112, 113 y 148 CPC.

Artículo 106. Interdictos posesorios

106.1. Procedencia y caducidad. Los interdictos solo procederán respecto de la posesión actual y momentánea de bienes inmuebles. De ninguna manera afectarán las cuestiones de propiedad o de posesión definitiva, sobre las cuales no se admitirá discusión alguna. Los interdictos son de amparo de posesión, de restitución y de reposición de linderos. Cuando se haya establecido equivocadamente un interdicto por otro, o todos a la vez, de acuerdo con la situación de hecho, se declarará con lugar el que proceda. No procede el interdicto cuando el acto de perturbación o despojo proviene de decisiones judiciales o administrativas. No podrá ser establecido un interdicto si han transcurrido tres meses desde el inicio de los hechos u obras contra las cuales se reclama.

106.2. Amparo de posesión. El interdicto de amparo de posesión será procedente cuando el que se haya en la posesión de un inmueble es perturbado por actos que perjudiquen el libre goce del bien o que manifiesten intención de despojo, o bien, cuando estos actos se realizan afectando el uso y el disfrute de bienes públicos, en detrimento de la colectividad.

Si la demanda se dirigiera contra quien inmediata y anteriormente poseyó como dueño, quien solicite la protección deberá probar que por más de un año ha poseído pública y pacíficamente como dueño, o que tiene otro cualquiera legítimo título para poseer, o bien, que actúa en la defensa de intereses difusos cuando se trate de bienes públicos.

Si versara sobre servidumbres continuas no aparentes o sobre discontinuas, el reclamo, para ser atendible, debe fundarse en el título que provenga del propietario del fundo sirviente o de aquellos de quienes este lo hubo. No se requerirá la acreditación de dicho título, cuando se trate de fundos enclavados.

La sentencia estimatoria ordenará al demandado mantener su derecho al actor y abstenerse de realizar actos perturbatorios, bajo apercibimiento de ser juzgado por el delito de desobediencia a la autoridad, sin perjuicio de la aplicación de las disposiciones que corresponden ante el incumplimiento de las sentencias con condena de no hacer.

106.3. Restitución. Es procedente el interdicto de restitución cuando el poseedor, o la ciudadanía en general, en el caso de bienes públicos, son despojados ilegítimamente del inmueble, total o parcialmente. La sentencia estimatoria ordenará al demandado restituir en la posesión al actor, bajo apercibimiento de ser juzgado por el delito de desobediencia a la autoridad, sin perjuicio de la aplicación de las disposiciones que corresponden ante el incumplimiento de las sentencias con condena de dar.

106.4. Reposición de linderos. Procede el interdicto de reposición de linderos cuando se incurra en alteración de límites entre inmuebles. El perjudicado deberá dirigir su demanda contra el autor del hecho, contra quien se haya beneficiado de este o contra ambos.

En la sentencia estimatoria se ordenará la restitución de los linderos a su estado original. Los gastos que implique la reposición o restitución correrán por cuenta del responsable de la alteración o de quien se haya beneficiado por esta, según lo estime el tribunal. Si el demandado admitiera la existencia de la alteración, pero negara ser el autor o no se pudiera determinar quién fue el autor, se podrá ordenar la restitución a costa del actor y del demandado o demandados, según corresponda. Si no existiera cumplimiento voluntario de lo que dispone la sentencia, se procederá según lo dispuesto para condenas de hacer.

106.5. Condena en daños y perjuicios. En toda sentencia estimatoria de procesos interdictales se condenará al demandado al pago de los daños y perjuicios causados. La liquidación, la prueba y el cobro se harán en ejecución de sentencia, en el mismo expediente.

Concordancias: 277, 278, 279, 300, 305, 307, 308, 309, 318, 370, 378, 379 C.Ci., 21, 22.1, 22.2, 22.4, 30.4, 35.1, 36, 37.2, 61, 62.4, 73, 146, 148 y 149 CPC.

Artículo 107. Sumario de suspensión de obra nueva

107.1. Procedencia y suspensión de obra. Cuando la amenaza a los derechos del propietario o poseedor o de las personas que transitan por la vía pública proviniera de cualquier obra nueva que alguien comience, o esta pueda perjudicar bienes públicos, se hará suspender la obra nueva o ponerla en estado que ofrezca completa seguridad. Para tal efecto, el tribunal se constituirá en el lugar de esta para practicar un reconocimiento judicial, lo que podrá complementar con prueba pericial. Prevendrá la suspensión al demandado dueño de la obra, pero si este no estuviera presente en el acto la prevención se le hará al director, al encargado u operarios, para que, en el acto, suspendan los trabajos, bajo el apercibimiento de ser juzgados por el delito de desobediencia a la autoridad. El tribunal ordenará realizar las obras que sean absolutamente indispensables para la conservación de lo construido. En cualquier momento, a petición de parte, se podrá ordenar la destrucción de lo construido en contra de la orden de suspensión, a costa del infractor.

107.2. Continuación de la obra. Si la continuación de la obra apenas ocasionara un leve daño y el que la ejecuta rinde garantía de destruirla si en sentencia se declara con lugar la demanda, se podrá autorizar su continuación.

107.3. Sentencia estimatoria. En la sentencia estimatoria se ordenará la suspensión definitiva de la obra, cuya ejecución se hará de inmediato aunque el fallo fuera apelado. Además, se condenará al demandado a pagar los daños y perjuicios. Cuando constituya un peligro o transgresión evidente al derecho de propiedad ajena, se podrá ordenar la destrucción de lo construido.

Concordancias: 21, 35.1, 36, 44, 46, 61, 62.4, 75, 77 a 97, 146, 148 y 149 CPC.

Artículo 108. Sumario de derribo

108.1. Procedencia y legitimación. El proceso sumario de derribo procederá cuando el mal estado de un edificio, construcción, árbol o inmueble constituya una amenaza para los derechos del poseedor o los transeúntes, o pueda perjudicar bienes públicos. La demanda puede ser establecida por cualquiera que tenga interés.

108.2. Adopción de medidas de seguridad. Presentada la demanda, el tribunal hará un reconocimiento del lugar, con auxilio de peritos si lo estimara conveniente, y dictará las medidas de seguridad que sean necesarias. Los gastos que ocasione la ejecución de las medidas de seguridad estarán a cargo del dueño del bien ruinoso. En su defecto, suplirá los gastos el actor, quien tendrá derecho al reembolso correspondiente, si el demandado fuera condenado al pago de las costas.

108.3. Sentencia estimatoria. En la sentencia estimatoria se ordenará el derribo o la adopción de medidas de seguridad de carácter permanente. Si se ordenara el derribo, aunque fuera recurrida, se podrá practicar inmediatamente la destrucción total o parcial, cuando no sea posible demorar la ejecución sin grave ni inminente riesgo. También se podrán ordenar y ejecutar medidas de seguridad, cuando no se hubieran dispuesto o ejecutado antes. Además, se condenará al demandado al pago de los daños y perjuicios.

Concordancias: 310 y 402 C.Ci., 31 Ley de Caminos Públicos, 21, 35.1, 36, 44, 46, 61, 62.4, 75 a 97, 146, 148 y 149 CPC.

Artículo 109. Sumario de jactancia

109.1. Procedencia y caducidad. Cuando una persona se jacte, fuera del proceso, de tener un derecho del que no estuviera gozando, todo aquel a quien tal jactancia pueda afectar en su crédito o en la pacífica posesión de su estado o patrimonio podrá pedir que se le obligue a presentar la demanda. Habrá jactancia cuando la manifestación del jactancioso conste por escrito suyo, o lo hubiera manifestado verbalmente delante de dos o más personas. No podrá intentarse la demanda si hubieran transcurrido tres meses desde que ocurrieron los hechos que conforman la jactancia.

109.2. Emplazamiento, intimación y efectos. En el emplazamiento se intimará al demandado para que manifieste si acepta los hechos. Si los admite deberá presentar la demanda que corresponda en el plazo de quince días, a partir de la contestación de la demanda de jactancia. Si el demandado negara los hechos, se seguirá con el procedimiento general establecido para el proceso sumario.

109.3. Sentencia. Si el demandado no contesta, o si con la aceptación de los hechos manifiesta que no presentará la demanda, o si habiendo dicho que la presentaría deja transcurrir el plazo sin hacerlo, o si, a pesar de su oposición se demuestra que incurrió en jactancia, a petición de parte el tribunal condenará al jactancioso a retractarse de su dicho y se le impondrá una multa de uno a cinco salarios mínimos de profesional uno del sector público, dependiendo de la gravedad de la jactancia, que serán girados a la junta de educación del distrito de donde sea vecino el jactancioso, y se condenará también al pago de ambas costas, daños y perjuicios a favor del actor. El reclamante de la jactancia no tendrá en adelante derecho contra el jactancioso por ese hecho, pero podrá exigir la publicación en dos periódicos de circulación nacional, a costa del jactancioso, de la resolución condenatoria.

Concordancias: 21, 30.2, 35.1, 36, 37, 37.2, 61, 62.4, 73, 146, 148 y 149 CPC.

CAPÍTULO III
PROCESO MONITORIO

Artículo 110. Disposiciones generales

110.1. Procedencia. Mediante el proceso monitorio se dilucidarán las siguientes pretensiones:

1. El cobro de obligaciones dinerarias líquidas y exigibles, fundadas en documentos públicos o privados, con fuerza ejecutiva o sin ella.

2. El desahucio originado en una relación de arrendamiento de cualquier naturaleza que conste documentalmente, si se funda en la causal de vencimiento del plazo, falta de pago de la renta o de los servicios públicos, falta de pago de los gastos del condominio.

La falta de pago de los gastos del condominio procederá únicamente si en el contrato o documento que da origen a la relación contractual dispone que serán cubiertos por el arrendatario. En este caso, la o las cuentas deberán estar certificadas por un contador público autorizado, de conformidad con el artículo 20 de la Ley Nº 7933, Ley Reguladora de la Propiedad en Condominio, de 28 de octubre de 1999, y sus reformas. Asimismo, el demandado podrá invocar el agotamiento de lo dispuesto en el artículo 23 de la citada ley antes de la procedencia de este procedimiento monitorio, aunque el juez podrá valorar si se sustancia mediante el proceso sumario dispuesto en el Código Procesal Civil. La causal de falta de pago de servicios públicos procederá con la certificación o constancia que emitan los proveedores de servicios.

La causal de expiración del plazo procederá únicamente cuando el demandante demuestre que manifestó por escrito la voluntad de no renovar el contrato de conformidad con el artículo 71 de la Ley N° 7527, Ley General de Arrendamientos Urbanos y Suburbanos, de 10 de julio de 1995.

110.2. Resolución intimatoria, oposición y efectos. Admitida la demanda, se dictará resolución ordenando a la parte demandada que realice la prestación pedida por la parte actora. En ese pronunciamiento se le concederá un plazo de cinco días para que cumpla o para que se oponga, interponiendo en ese acto las excepciones procesales que sean pertinentes. Cuando exista oposición fundada se suspenderán los efectos de la resolución intimatoria, salvo lo relativo a embargos.

110.3. Allanamiento y falta de oposición. Si la parte demandada se allanara a lo pretendido, no se opone dentro del plazo o la oposición es infundada, se ejecutará la resolución intimatoria, sin más trámite.

110.4. Audiencia oral, sentencia y conversión a ordinario. Ante oposición fundada se señalará una audiencia oral que se regirá por las disposiciones establecidas para el proceso sumario. En sentencia se determinará si se confirma o revoca la resolución intimatoria. Cuando se acoja la oposición, la parte accionante podrá solicitar la conversión del proceso monitorio a ordinario, según lo dispuesto para el proceso sumario.

Concordancias: 706 y 764 C.Ci., 30.2, 35, 36, 37, 38, 45.2, 45.3, 61, 103.3, 103.4, 111, 111.2, 112 y 153 a 171 CPC.

Artículo 111. - Monitorio dinerario

111.1. Documento. El documento en el que se funde un proceso monitorio dinerario deberá ser original, copia firmada o estar contenido en un soporte en el que aparezca como indubitable quién es el deudor mediante su firma o cualquier otra señal equivalente.

111.2. Títulos ejecutivos. Son títulos ejecutivos, siempre que en ellos conste la existencia de una obligación dineraria líquida y exigible:

1. El testimonio o la certificación de una escritura pública no inscribible.

2. La certificación de una escritura pública debidamente inscrita en el Registro Nacional.

3. El documento privado reconocido judicialmente.

4. La confesión judicial.

5. Las certificaciones de resoluciones judiciales firmes que establezcan la obligación de pagar una suma de dinero, cuando no procediera su cobro en el mismo proceso.

6. La prenda y la hipoteca no inscritas.

7. Toda clase de documentos que, por leyes especiales, tengan fuerza ejecutiva.

111.3. Intimación de pago y embargo. En la resolución intimatoria, además, se ordenará el pago de capital, los intereses liquidados, los futuros y ambas costas. Si se aporta título ejecutivo, a petición de parte, se decretará embargo por el capital reclamado y los intereses liquidados, más un cincuenta por ciento (50%) adicional para cubrir intereses futuros y costas, embargo que se comunicará inmediatamente. Si el documento carece de ejecutividad, para decretar la medida cautelar se debe realizar el depósito de garantía del embargo preventivo.

111.4. Contenido de la oposición. Solo se admitirá la oposición que se funde en falsedad del documento, falta de exigibilidad de la obligación, pago comprobado por escrito o prescripción.

Concordancias: 706, 764 y 865 a 883 C.Ci., 30.2, 35, 36, 37, 38, 45.2, 45.3, 45.5, 61, 103.3, 103.4 y 153 a 171 CPC.

Artículo 112. Monitorio arrendaticio

112.1. Prueba de la legitimación. La legitimación para interponer un proceso monitorio arrendaticio podrá acreditarse con el contrato, mediante una resolución judicial anterior que la establezca o los recibos periódicos de pago.

112.2. Intimación de desalojo. Admitida la demanda, se ordenará el desalojo. En la misma resolución inicial se ordenará, a solicitud de parte, la retención preventiva de bienes del demandado.

112.3. Contenido de la oposición. Solo se admitirá oposición que se funde en el pago comprobado por escrito, la prescripción, la inexistencia de la obligación de pagar la renta y la falta de vencimiento del plazo.

112.4. Integración normativa. Son aplicables a este proceso monitorio, en cuanto fueran compatibles, las normas del sumario de desahucio sobre legitimación, los requisitos de admisibilidad de la demanda, el depósito sucesivo de las rentas, la ejecución del desalojo y el cobro de los alquileres insolutos.

Concordancias: 44 inc. a), 58, 60, 114, 116 LGAUS, 764, 1124 y 1147 C.Ci., 30.2, 35, 36, 37, 38, 45.2, 45.3, 61, 103.3, 103.4, 104 y 153 a 171 CPC.

CAPÍTULO IV
PROCESO INCIDENTAL

Artículo 113. Disposiciones generales

El proceso incidental se regirá por las siguientes disposiciones generales:

113.1. Procedencia. Es admisible el proceso incidental cuando sea necesario resolver cuestiones que tengan relación inmediata con el proceso principal y no exista otro procedimiento establecido.

113.2. Oportunidad. Las cuestiones incidentales que se susciten después del señalamiento para audiencia se deberán proponer y decidir en esta.

113.3. Simultaneidad. Simultáneamente, las partes deberán promover todos los incidentes a que puedan tener derecho en ese momento. Los que se interpongan posteriormente, sustentados en hechos ya conocidos, serán rechazados de plano.

113.4. Efectos sobre el proceso principal. El proceso incidental no suspende el proceso principal, salvo que la ley expresamente le conceda ese efecto, que sea imposible continuar el procedimiento o que el tribunal lo disponga por entender que resulta indispensable para el adecuado desarrollo del principal.

113.5. Caducidad. Los incidentes cuyo procedimiento se hubiera paralizado por un mes, por culpa de la parte promovente, caducarán sin necesidad de la resolución que lo declare y se tendrán por desestimados definitivamente.

Concordancias: 18, 22.4, 33.2, 37.3 in fine, 43.6, 61.2.4, 67.3.12, 69.2.6, 72.1, 76.3, 99.3, 104.6, 123, 128.4, 129.2, 130.9, 131, 133.3, 135.2, 142, 147, 149, 154.6, 165, 168, 173.1 y 175 CPC.

Artículo 114. Procedimiento

114.1. Incidente en audiencia. Los incidentes suscitados en audiencia se tramitarán en esta. Se formularán oralmente y se oirá a la parte contraria. No se admitirá prueba que no se presente en el acto o cuya práctica no sea posible en esa misma audiencia. Practicada la prueba, se dictará resolución final y la cuestión debatida no podrá plantearse nuevamente.

114.2. Incidentes fuera de audiencia. Los incidentes que se formulen fuera de audiencia se tramitarán en pieza separada.

La gestión inicial deberá contener los hechos que lo sustentan y la pretensión. Se deberá aportar u ofrecer toda la prueba y si esta ya consta en el proceso bastará con indicarlo. Si no se cumplen los requisitos señalados, el incidente será rechazado de plano.

Admitido el incidente, se emplazará a la parte contraria por un plazo de tres días. Con la contestación, el incidentado ofrecerá las pruebas, salvo si constan en el expediente, en cuyo caso bastará con indicarlo.

La resolución final se dictará en el plazo de cinco días, cuando no sea necesario practicar prueba en audiencia.

Si se admitiera prueba que deba practicarse en audiencia, se señalará para tal efecto dentro de los diez días siguientes. La resolución final se dictará inmediatamente después de finalizada la audiencia de práctica de la prueba. La incomparecencia de las partes se regirá por lo dispuesto en este Código, para la inasistencia en los procesos de audiencia única.

Concordancias: 6, 37.2, 41.4, 50, 50.2.4, 61, 102.3.6 y 103.3.5 CPC.

TÍTULO II
PROCESO SUCESORIO

CAPÍTULO I
DISPOSICIONES GENERALES

Artículo 115. Procedencia

Es procedente el proceso sucesorio para constatar y declarar la existencia de los sucesores del causante, determinar el patrimonio relicto, acabar la indivisión de los bienes sucesorios y dotar a la sucesión de representación.

Concordancias: 294, 520 a 626, 684, 1024 C.Ci., 21.4.1, 127, 128 y 133 CPC.

Artículo 116. Prueba de fallecimiento

Para el inicio de cualquier procedimiento sucesorio deberá demostrarse el fallecimiento o la declaratoria de presunción de muerte. Cuando haya urgencia, a criterio del tribunal, podrá acreditarse mediante cualquier medio probatorio idóneo. El fallecimiento deberá estar acreditado fehacientemente antes de la declaratoria de herederos.

Concordancias: 34, 78 y 79 C.Ci., 8.3.5.1, 116, 126, 126.1, 127, 141.2 y 182 CPC.

Artículo 117. Medidas cautelares y aseguramiento de bienes

117.1. Medidas cautelares. El tribunal podrá adoptar, aun de oficio, las medidas cautelares necesarias para la preservación del haber sucesorio.

117.2. Aseguramiento de bienes. Antes o durante el procedimiento sucesorio, podrá ordenarse el aseguramiento de los bienes del causante, adoptando todas las medidas que sean necesarias. Se asegurarán, en primer lugar, los bienes de fácil sustracción. Se podrán enviar comunicaciones a los bancos y oficinas públicas y privadas para inmovilizar los bienes. Una vez practicado el aseguramiento, serán entregados al albacea o a un depositario, que designará el tribunal, mientras el albacea acepta el cargo. En casos de urgencia, la autoridad de policía podrá poner sellos y vigilar la integridad del patrimonio y comunicará al tribunal, a la mayor brevedad posible, para que disponga el aseguramiento.

Concordancias: 541 C.Ci., 88, 77 a 97 y 130 CPC.

Artículo 118. Apertura y comprobación de testamentos

118.1. Legitimación. Cualquiera que alegue interés legítimo puede solicitar al tribunal la apertura de un testamento cerrado y la comprobación del no auténtico y del privilegiado.

118.2. Testamento cerrado. El testamento cerrado deberá presentarse necesariamente al tribunal para su apertura, junto con el testimonio de la escritura de su presentación ante el notario. Al momento de su recepción se dejará constancia del estado del sobre, de sus cerraduras y de lo escrito en ella. Para la apertura se convocará a una audiencia a la que deberán comparecer el notario y los testigos, a quienes se interrogará sobre la autenticidad de sus firmas, si el documento se encuentra en las condiciones en que estaba cuando se otorgó, sobre la verdad de las afirmaciones contenidas en la razón notarial y si el sobre fue otorgado siguiendo las formalidades legales. A falta de notario o de alguno de los testigos se procederá al cotejo de firmas y los demás indicarán si los ausentes estuvieron presentes en el acto. Se dejará constancia de todas las observaciones que se hagan y se abrirá y leerá el testamento ante los presentes.

El tribunal tomará las medidas necesarias para garantizar la existencia de al menos una copia exacta del testamento, para seguridad. A esta audiencia podrá asistir cualquiera que se crea con interés.

118.3. Testamento abierto no auténtico y testamento privilegiado. Tratándose de testamento abierto no auténtico y del privilegiado, se procederá a su comprobación. Para tal efecto, se convocará a los testigos del otorgamiento, a quienes se interrogará sobre la autenticidad de sus firmas y el cumplimiento de las solemnidades exigidas para la validez del tipo de testamento respectivo, según la normativa civil. En caso de testamento privilegiado, también se citará a la persona ante la cual se otorgó, y se interrogará a todos sobre la existencia de la situación excepcional prevista por el ordenamiento civil para su otorgamiento.

118.4. Resolución. Cuando el testamento fuera válido, el tribunal lo declarará y en la misma resolución ordenará la apertura del sucesorio como testamentario, si fuera procedente. En caso contrario, se ordenará tramitar la sucesión como legítima.

Concordancias: 522, 577 a 626 C.Ci., 21 CPC.

Artículo 119. Procesos pendientes y posteriores.

El establecimiento de un proceso sucesorio en ningún caso afectará la competencia para el conocimiento de los procesos pendientes o posteriores que interesen al causante, a la sucesión o a sus herederos.

Concordancias: 8 CPC.

Artículo 120. Prejudicialidad.

Artículo 120- Prejudicialidad. Cuando se presente demanda sobre calidad de sucesores, validez o eficacia del testamento, se suspenderá el proceso sucesorio hasta la resolución definitiva. El mismo efecto tendrán las demandas que afecten la integridad del patrimonio o sobre la existencia, extensión o preferencia de créditos, siempre y cuando el resultado del litigio afecte de tal manera el patrimonio que no sea posible hacer liquidaciones parciales.

También, se suspenderá el proceso sucesorio con respecto al sucesor que sea imputado en la investigación por femicidio de la causante.

(así reformado por Ley 10263 del 06 de mayo del 2022)

Concordancias: 577, 590 a 595 y 621 a 626 C.Ci., 34.2 y101 CPC.

Artículo 121. Acumulación de procesos sucesorios.

La acumulación de procesos sucesorios solo será procedente cuando exista comunidad de bienes o identidad de herederos.

Cuando se promovieran varios procesos sucesorios de forma separada en relación con un mismo causante, se acumularán a aquel en que primero se declaró la apertura.

Cuando se promueva un proceso sucesorio judicial y otro notarial, el primero se acumulará al segundo, si fuera legalmente procedente.

Prevalecerá el nombramiento de albacea testamentario o, en su defecto, el designado en el que primero se declaró la apertura.

Concordancias: 35 y 541 C.Ci., 8.5, 126.3, 127 y 128 CPC.

Artículo 122. Intervención de la Procuraduría General de la República y el Patronato Nacional de la Infancia.

Cuando se determine la ausencia de sucesores se dará intervención a la Procuraduría General de la República y al Patronato Nacional de la Infancia cuando haya menores de edad interesados.

Concordancias: 38, 531 y 572 C.Ci y 22.6 CPC.

Artículo 123. Oposiciones.

Para la resolución de cualquier oposición que se formule en un proceso sucesorio, que no tenga un trámite expresamente señalado, se seguirá el procedimiento incidental previsto en este Código.

Concordancias: 113, 128.4, 129.2, 130.9, 131, 133.3 y 135.2 CPC.

Artículo 124. Abogado director de la sucesión

El abogado director de la sucesión será elegido libremente por el albacea.

Concordancias: 541 C.Ci., 20.2 y 125 CPC.

Artículo 125. Honorarios de albacea y abogado

Los honorarios de albacea y abogado director se pagarán al finalizar sus gestiones. Si hubiera fondos se podrán girar anticipos, los cuales deberán guardar proporción con el trabajo realizado y con el monto aproximado de los honorarios totales, dejando un amplio margen para satisfacer los que se generen en el futuro. Igual regla se seguirá en el caso de renuncia o remoción. Solo los honorarios del albacea y del abogado director correrán por cuenta de la sucesión. Si por cualquier razón fuera necesario abrir un proceso de sucesión sin fines patrimoniales, los honorarios del albacea y su abogado correrán por cuenta del interesado.

Concordancias: 541, 557, 558 y 560 C.Ci., 20.2, 21.4, 76, 129 y 131 CPC.

CAPÍTULO II
PROCEDIMIENTO

Artículo 126. Apertura

126.1. Legitimación. Podrá promover el sucesorio toda persona que demuestre tener interés legítimo.

126.2. Requisitos de la solicitud. La solicitud inicial deberá contener:

1. El nombre, las calidades y el último domicilio del causante.

2. Los nombres, las calidades, el domicilio y, si constara, la dirección de los presuntos herederos.

3. Si hay personas menores de edad, personas con capacidades especiales o ausentes.

4. Si se tiene noticia de la existencia de testamento.

5. Prueba del fallecimiento del causante.

6. Una lista provisional de los bienes del causante y su valor aproximado.

Si la gestión no cumple los requisitos, se prevendrá su corrección en el plazo de cinco días, bajo apercibimiento de inadmisibilidad.

Cuando exista testamento auténtico se presentará con la solicitud. Si el petente no lo tuviera en su poder indicará el lugar donde se encuentra o la persona que lo conserva, con la finalidad de que el tribunal requiera su presentación. En tal caso, se prevendrá la entrega dentro del plazo de cinco días, bajo el apercibimiento que de no cumplir será responsable por los daños y perjuicios que pudiera causar su retraso o la falta de presentación.

126.3. Resolución inicial. Cumplidos todos los requisitos se decretará la apertura del procedimiento sucesorio y se dispondrá el emplazamiento por quince días a los sucesores e interesados para que comparezcan a aceptar la herencia y hacer valer sus derechos. La publicación se hará por una vez en el Boletín Judicial. El emplazamiento será notificado a los sucesores cuyos nombres y dirección consten en el expediente. Se llamará al albacea testamentario o, en su defecto, se designará al que actuará hasta la conclusión del sucesorio. Deberá aceptar el cargo tácita o expresamente dentro del plazo de tres días y si no lo hace se designará a otra persona. Se proveerá lo concerniente a la representación de los ausentes, a las personas menores de edad o a las personas con capacidades especiales.

Concordancias: 529, 541, 547, 571, 572, 577 y ss., 596 y 614 C.Ci., 8.3.5.1, 19.2, 30.2, 35.2, 35.4, 45.4 y 116 CPC.

Artículo 127. Declaratoria de sucesores

Transcurrido el emplazamiento y resueltas las oposiciones a la condición de sucesores, se hará la declaratoria de herederos y legatarios, sin perjuicio de tercero de igual o mejor derecho.

Si en cualquier momento, antes de la distribución del activo, se apersonaran quienes reclamen la calidad de sucesores, cuyo igual o mejor derecho sea evidente, el tribunal podrá modificar la declaratoria.

Si se declara heredera a la junta de educación, se le podrá poner en posesión de los bienes una vez firme ese pronunciamiento.

Concordancias: 529, 531, 532, 533, 571, 572, 596 y 614 C.Ci., 122 y 123 CPC.

Artículo 128. Constatación del activo

128.1. Inventario. Dentro de los quince días posteriores a la aceptación del cargo, el albacea deberá presentar el inventario de bienes. Este se pondrá en conocimiento de los interesados por el plazo de cinco días.

128.2. Aprobación del inventario. Firme la resolución que declara sucesores, si no existieran objeciones pendientes, se tendrá por aprobado el inventario.

128.3. Avalúo. Cuando los inmuebles, vehículos u otros bienes tengan asignado un valor tributario o fiscal actualizado en los últimos dos años o se tratara de bienes cotizados en bolsa, ese se tendrá como valor real. En los demás casos, se nombrará perito.

Cuando se nombre perito, el dictamen se pondrá en conocimiento de los interesados por el plazo de cinco días. Si se formularan objeciones y estas fueran procedentes, se nombrará un nuevo perito. El tribunal fijará el precio definitivo tomando en cuenta los informes técnicos.

128.4. Exclusión e inclusión de bienes. Para excluir e incluir bienes en un proceso sucesorio tendrá legitimación cualquiera que tenga interés directo. Se seguirá el procedimiento incidental, salvo que la solicitud provenga del albacea.

Concordancias: 535, 541 y 556 C.Ci., 44, 45.7 y 113 CPC.

Artículo 129. Constatación y cancelación del pasivo

129.1. Deber de legalizar. Todos los acreedores comunes, excepto los separatistas, deben reclamar su crédito en el proceso, indicando de forma detallada los montos pretendidos y acompañando la documentación de respaldo. Los que tengan sentencia firme favorable deberán acreditarlo. Únicamente tienen el carácter de acreedores separatistas aquellos que tengan garantía real o equiparable, hasta donde alcancen las garantías. Para cobrar cualquier saldo en descubierto lo deben hacer dentro del proceso sucesorio, conjuntamente con los demás acreedores comunes. El pago se hará a prorrata si fuera necesario, salvo motivo legal de preferencia.

129.2. Procedimiento. Si hubiera acreedores legalizantes se pondrán los créditos reclamados en conocimiento de todos los interesados, por el plazo de cinco días. Si no hubiera objeciones se resolverá lo que corresponda sobre la existencia, la extensión y la preferencia de los créditos. De lo contrario, la oposición se substanciará por el procedimiento incidental.

129.3. Cancelación del pasivo y entrega de legados. Los créditos serán pagados, de ser posible, una vez firme la resolución que los tiene por reconocidos. Si fuera necesario, se dispondrá la venta de bienes que se elijan al efecto, la que llevará a cabo el albacea, y podrán autorizarse por precio inferior al avalúo cuando las circunstancias lo ameriten. La entrega de los legados se dispondrá siempre y cuando los intereses de los acreedores queden garantizados con el resto de los bienes. Los acreedores y los legatarios, de común acuerdo, podrán tomar disposiciones para el pago de lo que a ellos corresponda.

Concordancias: 535, 564, 565, 567, 596, 599, 604, 607, 612, 612, 613 y 614 C.Ci., 113 CPC.

Artículo 130. Administración

130.1. Posesión de los bienes inventariados. Con la aceptación del cargo, el albacea entra de pleno derecho y sin formalidad alguna en la posesión de los bienes y ejercerá su gestión y administración hasta la entrega a los sucesores. El cónyuge sobreviviente o el conviviente de hecho al que la ley le confiera derechos y los hijos que en ella vivan podrán continuar habitando la casa que ocupaban en el momento del fallecimiento del causante, mientras no resulte adjudicada a otra persona. Cuando los bienes inmuebles estén en poder de terceros en virtud de situaciones de hecho consentidas por el causante por largo tiempo, y conforme al ordenamiento jurídico sea necesario plantear una acción judicial para recuperarlos, no se entregarán al albacea en administración ni en posesión. Tampoco cuando exista prejudicialidad por pretensiones relacionadas con la integridad o la existencia del patrimonio sucesorio.

Si el albacea encontrara dificultad para ocupar todos o alguno de los bienes reclamará la intervención del tribunal, que ordenará ponerlo en posesión.

Las potestades del albacea concluyen con la ejecución del convenio o cuenta partición o con su renuncia, muerte o remoción firme; no obstante, en el caso de renuncia debe continuar en la administración hasta que el sustituto acepte el cargo.

130.2. Legajo de administración. Todo lo relativo a la administración se tramitará en legajo separado. En el caso de que lleguen a existir varios albaceas, se formará un expediente para cada uno. No es permitido involucrar en esos legajos peticiones propias del expediente principal.

130.3. Rendición periódica de cuentas. Cuando el patrimonio sea susceptible de gestión o administración, el albacea debe rendir cuentas periódicas, documentadas y detalladas, justificando los ingresos y los egresos. Una vez presentadas, se pondrán en conocimiento de los interesados. El tribunal determinará, de acuerdo con las circunstancias, la periodicidad con que deben rendirse las cuentas y la forma de custodia del dinero.

130.4. Plan de administración. En las sucesiones testamentarias deberá cumplirse con las indicaciones incluidas en el testamento sobre la forma de administración. Si no existieran disposiciones al respecto y en las sucesiones legítimas, dentro de los quince días siguientes a la aceptación del cargo, el albacea deberá presentar un plan de administración, justificando los gastos que se contemplen. Ese deber se podrá dispensar según la naturaleza de los bienes o la importancia del patrimonio. Acerca del plan se conferirá audiencia a los interesados por cinco días, transcurridos los cuales se resolverá sobre su aprobación.

130.5. Productos de la administración. Los productos de la administración deberán ser depositados conforme se hubiera ordenado, previo rebajo de los gastos autorizados o que necesariamente deban haberse hecho para su obtención. El albacea, salvo disposición en contrario de los interesados, está obligado a velar por que esos productos se mantengan colocados en depósitos nominativos o a plazo en bancos del Sistema Bancario Nacional, en forma tal que no dificulte la partición.

130.6. Autorizaciones. Cuando el albacea requiera autorizaciones, se oirá por tres días a los interesados y luego se resolverá lo que corresponda.

130.7. Venta de bienes. Cuando sea procedente la venta de bienes se hará con base en avalúo pericial. Previa audiencia a los interesados, se podrá autorizar disminuciones en el precio, si hubiera dificultades para realizar la venta. Cuando se disponga de forma judicial, se estará a lo dispuesto para el remate, en cuyo caso, si se declara insubsistente la subasta, el depósito de participación se abonará íntegro a la sucesión como daños y perjuicios.

Si se trata de efectos públicos o de comercio, el albacea podrá utilizar los sistemas de negociación establecidos para la venta de esos valores.

El tribunal podrá autorizar la venta anticipada de bienes sin dar audiencia a los interesados, cuando se trate de bienes perecederos o sea evidentemente necesario y útil.

130.8. Adelanto de rentas para alimentos. A solicitud de los interesados, se podrá ordenar que de los productos de la administración se les entreguen sumas de dinero a los sucesores que lo necesiten, para la satisfacción de alimentos, hasta la cantidad que respectivamente pueda corresponderles, como renta líquida de los bienes a que tengan derecho. Corresponde al albacea ejecutar lo resuelto en los términos previstos por el tribunal.

130.9. Cuenta final. Todo albacea debe rendir cuenta de su administración, dentro de los quince días siguientes a la finalización de su gestión, salvo que todos los interesados fueran mayores de edad y capaces y lo hubieran eximido. La cuenta se revisará en el legajo de administración siguiendo el procedimiento incidental. Si no existe oposición, no hay discrepancia con los estados presentados y no contraviene la ley, se aprobará la cuenta. En caso contrario, se improbará la cuenta presentada y se prevendrá al albacea formularla nuevamente.

En todo lo que sea pertinente, se aplicarán las reglas de la ejecución de sentencias de rendición de cuentas, lo que se hará en el mismo proceso. Para esos efectos, se nombrará un albacea específico.

Concordancias: 62.3, 527, 532, 541, 543, 548, 549, 550, 553, 554, 556, 562, 595 y 880 C.Ci., 44 CPC.

Artículo 131. Remoción del albacea

El albacea puede ser removido, de oficio o a petición de parte interesada, cuando no cumpla los deberes de su cargo con corrección y diligencia o proceda indebidamente en el ejercicio de sus funciones con perjuicio de los intereses de la sucesión. La remoción se tramitará en la vía incidental.

Concordancias: 532, 541, 553, 554, 556 C.Ci., 113 CPC.

Artículo 132. Adjudicación de bienes sucesorios sometidos a regímenes especiales

En procesos sucesorios en que existan bienes sometidos a regímenes especiales, en los cuales sea necesaria la autorización previa de un ente público para su transmisión, firme la declaratoria de herederos, se gestionará la aprobación ante el ente correspondiente. De existir otros bienes no sometidos a regímenes especiales, el procedimiento de distribución o partición se suspenderá en espera del resultado de la autorización, salvo acuerdo unánime de los herederos para que, de ser procedente, se realicen particiones parciales.

Concordancias: 133 CPC.

Artículo 133. Distribución y partición de bienes sucesorios

133.1. Distribución por acuerdo de interesados. Firme la declaratoria de sucesores, aprobado el inventario y si no existen controversias pendientes de resolución, todos los interesados, de común acuerdo, sin necesidad de autorización expresa, podrán disponer sobre la distribución de los bienes. Si se tratara de bienes que deben registrarse, el convenio deberá hacerse constar en escritura pública, de la cual se enviará copia auténtica al tribunal. En los demás casos, se comunicará lo convenido. Cuando el acuerdo involucre intereses de ausentes, personas menores de edad o personas con capacidades especiales, deberá ser homologado por el tribunal.

133.2. Fijación de las bases de la partición judicial. Satisfechos o no los créditos, se convocará a todos los que se mantengan como interesados a una audiencia para fijar las bases de la partición. Estas solo pueden resultar del acuerdo unánime de todos los interesados, serán vinculantes para el albacea y se establecerán reservando lo que corresponda para satisfacer todos los gastos del proceso aún no cubiertos y los que se deban cubrir en el futuro, para ejecutar la partición y cualquier reclamación de acreedores que estuviera ventilándose.

133.3. Proyecto de partición. Si no existe acuerdo en la audiencia, el albacea queda de pleno derecho facultado para presentar un proyecto de partición, el cual confeccionará respetando el derecho de todos y cada uno de los interesados, de modo que su valor sea efectivamente satisfecho, mediante la adjudicación de bienes o de derechos en abstracto, representativos de ese valor. Si comprende bienes registrables deberá contener las formalidades y los requisitos necesarios para la inscripción.

El proyecto de distribución será puesto en conocimiento de los interesados por cinco días, para que hagan las observaciones que estimen pertinentes. De haber alguna oposición se substanciará por el procedimiento incidental. Al conocer del proyecto, se haya presentado o no oposición, el tribunal debe velar por la tutela del interés de las personas menores de edad, las personas con capacidades especiales o las ausentes. Si no contiene disposiciones contrarias a la ley, lo aprobará como fue presentado o con las correcciones o rectificaciones pertinentes. Solo si no fuera posible corregirlo lo improbará para que se haga nuevamente. En el mismo pronunciamiento podrá disponer que se inicie el trámite de remoción del albacea, si los defectos obedecen a una actuación maliciosa, arbitraria o descuidada de su parte. La aprobación del proyecto de partición, cuando exista oposición, tendrá efecto de cosa juzgada material. Si la partición es de mayor cuantía, solo tendrá recurso de casación; si es de menor cuantía, únicamente tendrá apelación.

133.4. Particiones parciales. Los interesados, de común acuerdo, podrán solicitar particiones parciales cuando no sea posible aún realizar la definitiva. No serán aprobadas cuando se ponga en peligro el derecho de acreedores que estén litigando para el reconocimiento de sus créditos y cuando pueda afectar la distribución definitiva.

133.5. Ejecución de la partición. Aprobada en firme la partición, se pondrán los bienes a disposición de los adjudicatarios. Tratándose de bienes registrables, su inscripción se hará mediante protocolización notarial. Si se tratara de documentos o títulos de crédito, se entregarán a quien corresponda, con la razón respectiva.

133.6. Terminación del proceso sucesorio. El proceso sucesorio termina con la ejecución de la distribución y con la rendición de cuentas del albacea, salvo que se le hubiera eximido de tal deber.

Concordancias: 561, 563 y 567 C.Ci., 64, 113, 127 y 128.1 CPC.

Artículo 134. Reapertura

134.1. Procedencia y procedimiento. Terminado el proceso sucesorio, podrá reabrirse si aparecieran bienes no tomados en cuenta o surgieran reclamaciones o situaciones jurídicas que justifiquen la reapertura. De la solicitud se dará audiencia por tres días a los adjudicatarios, a quienes se les ordenará notificar personalmente o en la casa de habitación. Cuando el domicilio sea desconocido y no puedan ser localizados se les notificará por un edicto que se publicará una vez en el Boletín Judicial.

Si se ordena la reapertura, se llamará al último albacea para que asuma nuevamente el cargo y, si ello no fuera posible, se nombrará un albacea específico.

134.2. Efectos de la reapertura. La reapertura no afectará la declaratoria de sucesores, aprobaciones de créditos o particiones extrajudiciales o judiciales realizadas con anterioridad.

Cuando la reapertura se haga con el fin de conferir representación al sucesorio, para sustentar una demanda con fines patrimoniales, los honorarios del albacea y de su abogado serán cubiertos por el promovente de la reapertura si resulta vencido en el proceso interpuesto. En los demás casos, tales honorarios serán cubiertos por la sucesión o los herederos o legatarios, según lo estime el tribunal, de acuerdo con la fijación prudencial que se haga.

Concordancias: 125, 130.9, 541, 543, 548, 557, 558, 562 y 563 C.Ci., 29, 127, 128.4 y 133.6 CPC.

Artículo 135. Sucesión en el extranjero

135.1. Eficacia de las adjudicaciones efectuadas en el extranjero. Si una persona domiciliada en el extranjero dejara bienes en Costa Rica y se hubiera seguido proceso sucesorio en el exterior, serán válidas aquí las adjudicaciones y demás actos legales realizados, siempre que se haya tramitado por quienes tengan derecho de hacerlo y se haya procedido conforme a las leyes de aquel lugar.

135.2. Procedimiento. Para dar eficacia en Costa Rica a las particiones hechas en el extranjero, será necesario que el interesado, previo el exequátur de ley, solicite al tribunal del lugar donde se encuentren los bienes o la mayor parte de estos, que convoque a quienes, según las leyes del país, pudieran perjudicar las adjudicaciones, trasmisiones o actos realizados en el domicilio de la sucesión. Para tal efecto, se seguirá el procedimiento de convocatoria establecido para la sucesión judicial nacional. Si transcurrido el plazo nadie se presentara o si existiendo oposiciones estas fueran desestimadas, se aprobará lo dispuesto en el extranjero. Las oposiciones que se formulen se dilucidarán por el procedimiento incidental. Si se estimara la oposición, se procederá conforme corresponda al mejor derecho reclamado, y se cumplirá lo dispuesto en el extranjero solo en la medida en que no resulte afectado por la decisión del tribunal nacional.

135.3. Reclamos contra la sucesión domiciliada en el extranjero. Los acreedores de una sucesión radicada en el extranjero podrán demandar en Costa Rica, cuando tuvieran una garantía real o equiparada, el deudor hubiera renunciado válidamente su domicilio, o se trate de ejecutar una sentencia obtenida en el domicilio de la sucesión.

Los demás acreedores deberán formular su reclamo ante el tribunal que conoce del proceso. No obstante, mientras se apersonan donde corresponde podrán solicitar el embargo de bienes u otras medidas cautelares. El acreedor embargante no podrá ser perjudicado por la adjudicación o el pago hecho con el bien embargado a otro acreedor en el extranjero, sino después de que se declare, según las leyes costarricenses, que el derecho reconocido en el extranjero, por su naturaleza, es de mejor condición.

Concordancias: 27, 529 C.Ci., 126.3 PC, 77 a 97, 98 a 100 CPC.

TÍTULO III
PROCESO DE EJECUCIÓN

CAPÍTULO I
DISPOSICIONES GENERALES

Artículo 136. Inicio de la ejecución y competencia

La ejecución de pronunciamientos y acuerdos ejecutorios se ordenará a gestión de parte. Podrá ordenarse de oficio cuando se trate de derechos o intereses de carácter público o social. Será competente el tribunal que hubiera dictado el pronunciamiento u homologado el acuerdo o los tribunales especializados establecidos para ese efecto. Solo que legalmente no pudiera hacerse por este, se hará por el tribunal que corresponda, según las reglas generales de competencia. Para la ejecución servirá como base el documento auténtico en el que conste el acto o el acuerdo respectivo.

Concordancias: 2.4, 2.5, 8.3, 45 y 62 CPC.

Artículo 137. Allanamiento

Para la ejecución de pronunciamientos y acuerdos ejecutorios, cualquiera que sea su naturaleza, el tribunal podrá ordenar el allanamiento cuando las circunstancias lo ameriten. Para tal efecto, fijará el objeto, así como las condiciones bajo las cuales se practicará el allanamiento y tendrá amplias facultades para ingresar a los lugares, eliminar cualquier obstáculo o auxiliarse con la Fuerza Pública cuando lo estime necesario. Del allanamiento se levantará un acta, firmada por los interesados, donde se consignará en forma circunstanciada su resultado.

Concordancias: 62 y 154.2 CPC.

Artículo 138. Efectos de la ejecución imposible

Cuando la ejecución resulte imposible, por cualquier motivo, el obligado deberá indemnizar a la parte contraria los daños y perjuicios causados.

Concordancias: 484, 627, 629, 630, 631, 633, 656, 657, 689, 702, 799, 804, 830 y 831 C.Ci., 55 y 62 CPC.

Artículo 139. Imputación de pagos

Las sumas obtenidas como consecuencia de un proceso, salvo disposición legal en contrario, serán imputadas en el siguiente orden: costas, intereses y principal.

Concordancias: 780 C.Ci., 62, 67, 73 y 153 a 165 CPC.

Artículo 140. Adecuación de las sentencias

Las sentencias firmes y los acuerdos ejecutorios, aunque no contengan disposición al respecto, deberán ser adecuados económicamente a futuro, a solicitud de parte, siempre que no se contravenga el ordenamiento jurídico.

Las obligaciones dinerarias en moneda nacional se ajustarán conforme al índice de precios al consumidor. Tratándose de moneda extranjera, será aplicable la tasa "prime rate" o, si esta no fuera aplicable, la tasa internacional correspondiente a la moneda de que se trate.

Concordancias: 706 y 771 C.Ci., 2.4 y 62 CPC.

CAPÍTULO II
EJECUCIÓN PROVISIONAL

Artículo 141. Procedencia de la ejecución provisional

A solicitud de parte, las sentencias condenatorias de contenido patrimonial serán ejecutables provisionalmente sin necesidad de rendir garantía. No serán susceptibles de ejecución provisional las sentencias que condenen a emitir una declaración de voluntad, declaren la nulidad o caducidad de títulos de propiedad industrial, modificación, nulidad o cancelación de asientos de registros públicos, ni de sentencias extranjeras no firmes, salvo que se disponga lo contrario en los tratados internacionales vigentes en Costa Rica.

Concordancias: 2.4, 23.1, 62, 75 y 98 a 100 CPC.

Artículo 142. Requisitos de la solicitud y admisión en ejecución provisional de condenas no dinerarias

A la solicitud de ejecución provisional de condenas no dinerarias se acompañará, cuando sea necesario, certificación de la sentencia. Si fuera admisible, el tribunal le dará curso siguiendo el procedimiento incidental y formará un legajo con el testimonio de piezas que sean indispensables.

Concordancias: 62, 113, 143 y 147 CPC.

Artículo 143. Oposición a la ejecución provisional de sentencias de condena no dinerarias

143.1. Causales de oposición. La oposición a la ejecución provisional de condenas no dinerarias solo podrá fundarse en las siguientes causas:

1. Encontrarse en uno de los supuestos en que la ejecución provisional no es procedente.

2. Cuando la sentencia fuera de condena no dineraria, pueda resultar imposible o muy difícil, atendida la naturaleza de lo ejecutado, restaurar la situación anterior a la ejecución provisional o compensar económicamente al ejecutado mediante el resarcimiento de los daños y perjuicios que se le causaran si aquella sentencia fuera revocada.

143.2. Procedimiento de la oposición. Cuando exista oposición a la solicitud de ejecución provisional y se hubiera alegado imposibilidad o dificultad de restaurar la situación anterior o de compensar económicamente al ejecutado, la cuestión se debatirá en la audiencia oral. En esta el solicitante podrá rebatir los argumentos de la oposición y ofrecer garantía, para que de revocarse la sentencia se restaure la situación anterior o, de ser esto imposible, se resarzan los daños y perjuicios causados.

Concordancias: 50, 62, 138, 141 y 147 CPC.

Artículo 144. Efectos de la revocatoria de la sentencia no dineraria ejecutada provisionalmente.

Tratándose de una sentencia de condena no dineraria, se restaurará la situación anterior a la ejecución, salvo que ello no fuera posible, en cuyo caso se procederá a la determinación de los daños y perjuicios ocasionados y a hacer efectivas las garantías rendidas.

Concordancias: 50, 62, 75, 138, 141, 143 y 147 CPC.

Artículo 145. Ejecución provisional de condenas dinerarias.

La ejecución provisional de sentencias dinerarias se limitará al embargo de bienes y no se admitirá oposición del ejecutado. Si la sentencia de condena dineraria provisionalmente ejecutada fuera revocada se levantarán los embargos y se condenará al ejecutante al pago de las costas de la ejecución provisional y a resarcir los daños y perjuicios que dicha ejecución hubiera ocasionado.

Concordancias: 8 CADH, 62, 73, 141, 153 A 165 CPC.

CAPÍTULO III
PROCEDIMIENTOS DE EJECUCIÓN

Artículo 146. Sentencias de condena sobre extremos económicos determinables en dinero

Cuando se pretenda ejecutar una condena sobre extremos económicos determinables en dinero, el victorioso deberá presentar liquidación concreta y detallada de sus pretensiones, indicando separadamente los montos respectivos y sujetándose a las bases fijadas en la sentencia, cuando estas hayan sido establecidas. En la solicitud se ofrecerá y presentará toda la prueba.

Concordancias: 35.1, 35.2, 62, 64 y 139 CPC.

Artículo 147. Procedimiento para cuantificar extremos económicos, cantidad por liquidar y rendición de cuentas

Para cuantificar extremos económicos determinables en dinero, cantidad por liquidar y rendición de cuentas se seguirá el procedimiento incidental.

Concordancias: 62 y 113 CPC.

Artículo 148. Condena de dar

Cuando deba entregarse un bien mueble o inmueble y el obligado no lo hiciera voluntariamente, se procederá a la entrega o puesta en posesión. Los muebles que no deban entregarse con un inmueble se pondrán en depósito, si su dueño no quisiera o no pudiera retirarlos en el acto de la expulsión, y sobre dichos muebles se podrá ejercer derecho de retención por los gastos que origine el depósito.

Concordancias: 62, 90, 104.6 y 137 CPC.

Artículo 149. Condena de hacer

Tratándose de una condena de hacer, si el obligado realizara de modo distinto o defectuoso lo ordenado, lo que se determinará por el procedimiento incidental, se destruirá lo hecho y se dispondrá hacerlo conforme a la sentencia. Todos los gastos correrán a cargo del incumpliente, quien deberá indemnizar los daños y perjuicios causados con la ejecución indebida.

Concordancias: 62 y 113 CPC.

Artículo 150. Condena de no hacer

Si se incumpliera la obligación de no hacer, el tribunal tomará las medidas para lograr la efectividad de lo resuelto, incluso con el auxilio de la autoridad de policía. Cuando sea procedente se destruirá lo hecho en contra de lo ordenado en la sentencia. En todo caso, se condenará al vencido a indemnizar los daños y perjuicios ocasionados.

Concordancias: 62 CPC.

Artículo 151. Frutos en especie y efectos de comercio

Cuando sea necesaria la ejecución por incumplimiento de la obligación de entrega de cantidad determinada de frutos en especie o de efectos de comercio, se procederá a la conversión a dinero y a hacer efectiva la suma resultante, según los parámetros fijados en la sentencia. La valoración de los frutos se hará conforme a lo dispuesto en la sentencia; en su defecto, por el precio corriente y actual en el mercado del lugar donde se deba verificar la entrega, o en el más próximo, del día en que se practique. El precio se acreditará con el informe de uno o dos corredores jurados, si los hubiera, y si no, con el de uno o dos comerciantes de reconocida honorabilidad, nombrados unos y otros por el tribunal, que fijará previamente sus honorarios. En todo caso, corresponderá al tribunal establecer el procedimiento de valoración o hacerla prudencialmente.

Concordancias: 62 CPC.

Artículo 152. Embargo

Si se tratara de la ejecución de sentencias de condena sobre extremos económicos determinables en dinero, cantidad por liquidar, de dar, de hacer, de no hacer, si no se pudiera conseguir el inmediato cumplimiento por cualquier causa se podrá decretar el embargo de bienes a instancia del acreedor, sin necesidad de hacer depósito, en una cantidad suficiente, a criterio del tribunal, para asegurar los derechos de este.

Concordancias: 62, 146 a 150 y 154 CPC.

CAPÍTULO IV
EJECUCIÓN POR SUMA LÍQUIDA

Artículo 153. Procedencia

Cuando la ejecución se refiera al pago de una suma líquida y exigible se procederá, según las disposiciones de este capítulo, al embargo y la venta forzosa de bienes.

Concordancias: 62, 154 y 159 a 165 CPC.

Artículo 154. Embargo

154.1. Decreto de embargo. Constatada la existencia de una obligación dineraria líquida y exigible a solicitud del acreedor, se decretará embargo sobre los bienes del deudor susceptibles de esa medida. El embargo se decretará por el capital reclamado y los intereses liquidados, más un cincuenta por ciento (50%) para cubrir intereses futuros y costas.

154.2. Práctica del embargo. Para la práctica del embargo se designará ejecutor, a quien se le fijarán honorarios, estos deberán ser pagados directamente por el interesado. Al practicarlo, el ejecutor solo tomará en cuenta bienes legalmente embargables y de lo actuado levantará un acta en la que consignará la hora, la fecha y el lugar. Si se tratara de bienes muebles, las características necesarias para identificarlos. Si se tratara de inmuebles, las citas de inscripción, los linderos, las obras y los cultivos que se hallen en ellos.

En el acto designará como depositario a la persona que las partes elijan y a falta de convenio a quien se encuentre en posesión de los bienes, salvo que por el abandono, el peligro de deterioro, la pérdida, la ocultación, o cualquier otra circunstancia fuera conveniente depositarlos en el acreedor o en un tercero. Se exceptúan los supuestos que señale la ley, para el depósito de determinados bienes. Al designado se le advertirá de las obligaciones de su cargo y se le prevendrá señalar medio para recibir notificaciones.

El embargo de sueldos, rentas, depósitos, cuentas, títulos o ingresos periódicos se comunicará de la forma más expedita posible. Cuando sea necesario, se apercibirá al funcionario encargado que está en la obligación de ejecutar lo ordenado y depositar de inmediato las sumas o bienes, bajo pena de desobediencia a la autoridad.

Para el embargo de bienes o derechos registrados, el tribunal lo anotará directamente en el registro respectivo por medios tecnológicos y solo en caso de imposibilidad remitirá mandamiento para que sea el registro el que haga la anotación. El embargo se tendrá por practicado con la anotación y afectará a los embargantes y los anotantes posteriores, a quienes no será necesario notificarles. En tales supuestos, la práctica material del embargo será optativa, a solicitud del ejecutante.

No será necesario practicar otros embargos sobre un bien embargado, siempre que tal medida se mantenga vigente; para tener por practicados los posteriores, bastará comunicar el decreto de embargo al tribunal que decretó el primero. Tratándose de bienes registrados, será necesario, además, comunicar los embargos posteriores al registro respectivo.

154.3. Embargo de bienes productivos. Cuando se embarguen bienes productivos, el ejecutado podrá solicitar al tribunal autorización para utilizarlos en la actividad a la que están destinados. Cuando se embargue una empresa o un grupo de empresas, o acciones o participaciones que representen la mayoría del capital social del patrimonio común o de los bienes o derechos pertenecientes a una empresa o adscritos a su explotación, podrá constituirse una administración; para ello, se aplicarán las normas relativas a la medida cautelar de administración e intervención de bienes productivos.

154.4. Custodia de dineros producto de embargos. Cuando se obtenga dinero como producto de embargos se procederá a su depósito inmediato.

154.5. Venta anticipada de bienes embargados. A solicitud de parte o del depositario, el tribunal podrá ordenar la venta anticipada de bienes embargados, cuando exista peligro de que pudieran desaparecer, desmejorarse, perder su valor o fueran de difícil o costosa conservación. Para tal efecto, se tomará como base el valor en plaza, de comercio o en bolsa.

154.6. Modificación, sustitución y levantamiento del embargo. El embargo se puede ampliar o reducir cuando haya insuficiencia o exceso de bienes embargados. La ampliación se ordenará a petición del acreedor. Para resolver sobre la reducción se seguirá el procedimiento incidental.

Los bienes embargados no podrán ser sustituidos por otros, salvo aquiescencia del embargante.

Mediante depósito de la suma por la que se decretó, el deudor o cualquier interesado podrá evitar el embargo. Para levantar un embargo será necesario depositar la totalidad de lo debido en el momento en que se haga la solicitud.

154.7. Levantamiento de embargo sin tercería. El tercero cuyos bienes hayan sido embargados podrá pedir el levantamiento sin promover tercería de dominio, y acompañará la documentación exigida para esta última. De la solicitud se emplazará por tres días al embargante y de seguido el tribunal resolverá sin ulterior trámite. Si se denegara el levantamiento, el interesado podrá interponer la tercería.

Concordancias: 2.4, 86, 87, 88, 90, 113, 139 y 172 a 176 CPC.

Artículo 155. Preferencia entre embargantes

Prevalecerá el derecho del acreedor anotante del embargo sobre los derechos de los acreedores reales o personales, que nacieran con posterioridad a la presentación de la anotación en el registro. Esos acreedores posteriores no podrán pretender derecho alguno sobre el bien, ni en el precio de este, con perjuicio del embargante, salvo los casos de prioridad regulados en la legislación sustantiva.

El anotante no gozará de preferencia alguna por el solo motivo de la anotación o de la práctica del embargo en bienes no registrados frente a los acreedores personales anteriores que hicieran tercería cuando no existan bienes suficientes para cubrir los créditos.

Concordancias: 455 C.Ci., 2.4, 86, 87 y 154 CPC.

Artículo 156. Venta de valores o efectos negociables en bolsa

Si lo embargado fueran valores o efectos negociables en bolsa, se comisionará a un puesto de bolsa para que los haga efectivos. El producto de ellos se depositará en la cuenta bancaria correspondiente, previo rebajo de la comisión que legalmente corresponda pagar por el servicio, de todo lo cual el puesto deberá rendir cuenta documentada y detallada.

Concordancias: 86 y 154 CPC.

Artículo 157. Actos preparatorios del remate

157.1. Concurrencia de acreedores sobre el mismo bien. Todos los acreedores embargantes o con garantía real deberán gestionar el pago de sus créditos, en el proceso en el cual se haya efectuado primero la publicación del edicto de remate del bien que les sirve de garantía. Si se planteara una nueva ejecución sobre el mismo bien, el tribunal ordenará suspender el proceso nuevo tan pronto llegue a su conocimiento la existencia de la ejecución anterior.

Todos los acreedores apersonados, inclusive los embargantes que hayan obtenido resolución ordenando el remate, podrán impulsar el procedimiento.

157.2. Solicitud de remate. Con la primera solicitud de remate, el ejecutante deberá acreditar los gravámenes, los embargos y las anotaciones que pesen sobre los bienes. Esa documentación no se requerirá para posteriores solicitudes; no obstante, el ejecutado o cualquier interesado podrá demostrar al tribunal cualquier modificación.

157.3. Base del remate

Servirá como base para remate, la suma pactada por las partes. En defecto de convenio, a elección del ejecutante, servirá de base el monto que se determine mediante avalúo pericial o el valor registrado, cuando los bienes tengan asignado un valor tributario o fiscal actualizado en los últimos dos años. En los demás casos, se procederá al avalúo, el cual será realizado por expertos de la lista oficial, salvo el caso de inopia absoluta o relativa. Si los bienes por subastar soportan gravámenes, la base será siempre la establecida para la garantía de grado preferente vencida. En las ejecuciones sobre bienes sujetos a concurso, la base se determinará conforme a lo dispuesto en la legislación concursal.

(Reformado por Ley Concursal N° 9957, publicada en el Alcance 109 del Diario Oficial N° 103 del 31 de mayo del 2021)

157.4. Orden de remate y notificaciones

Si la solicitud es procedente, el tribunal ordenará el remate e indicará el bien por rematar, las bases, la hora y la fecha de las tres subastas.

Si el bien se vende en concurso, o por ejecución en primer grado, el remate se ordenará libre de gravámenes. Si la venta fuera por ejecución de un acreedor de grado inferior, se ordenará soportando los gravámenes anteriores de condición no cumplida o de plazo no vencido; pero si los créditos anteriores fueran ya exigibles, también se ordenará libre de gravámenes, y el precio de ella se aplicará al pago de los acreedores, según el orden de sus respectivos créditos.

Si de la documentación presentada se desprende la existencia de gravámenes o anotaciones, se notificará a los terceros adquirentes, acreedores y anotantes anteriores al embargo o a la anotación de la demanda, cuando proceda, para que se apersonen a hacer valer sus derechos en el plazo de cinco días. Cuando alguna de esas personas no pudiera ser encontrada, se le podrá notificar por medio de un edicto que se publicará una vez en el Boletín Judicial.

Para la subasta de bienes de una persona concursada, se aplicarán las disposiciones de la legislación concursal y de manera supletoria lo dispuesto en este Código.

(Reformado por Ley Concursal N° 9957, publicada en el Alcance 109 del Diario Oficial N° 103 del 31 de mayo del 2021)

157.5. Publicación del aviso. El remate se anunciará por un edicto que se publicará dos veces, en días consecutivos, en el Boletín Judicial y en él se expresará la base, la hora, el lugar y los días de las subastas. Si se tratara de muebles, el edicto contendrá una descripción lacónica de su identificación y se indicará su naturaleza, clase y estado. Si fueran inmuebles, los datos de inscripción en el Registro Público de la Propiedad, el distrito, el cantón y la provincia donde están ubicados, así como la naturaleza, la medida, los linderos, los gravámenes y las anotaciones, y las construcciones o cultivos que contenga, si esto último constara en el expediente. Se consignarán, además, los gravámenes que afecten el bien, cuando el adjudicatario deba soportarlos.

Concordancias: 455 C.Ci., 8.5, 29, 34, 44, 45.7, 67.3.25, 87, 136, 154 y 165 CPC.

Artículo 158. Suspensión del remate

El remate solo se suspenderá a solicitud del acreedor o de todos los acreedores ejecutantes apersonados. También, se suspenderá cuando cualquier interesado deposite a la orden del tribunal una suma que cubra la totalidad de los extremos reclamados, incluyendo costas. Cuando la suma depositada sea evidentemente insuficiente no se suspenderá el remate. Si hubiera duda, se realizará sujeto a que, determinada la suma faltante, el interesado cubra la diferencia dentro del tercer día, en cuyo caso se dejará sin efecto.

Concordancias: 764 a 802 C.Ci., 30.2, 157 y 159 CPC.

Artículo 159. Remate

El remate solo podrá verificarse cuando hayan transcurrido cinco días hábiles desde el día siguiente de la primera publicación del edicto y la notificación a todos los interesados. Si antes de efectuarse el remate se presentara oposición o gestión para suspenderlo, la subasta se llevará a cabo y se advertirá a los interesados que su resultado quedará sujeto a lo que se resuelva. Será presidido por un rematador o por el auxiliar judicial que se designe, sin perjuicio de la intervención del juez. El día y la hora señalados el pregonero anunciará el remate leyendo el edicto en voz alta y, quien preside, pondrá en conocimiento de los asistentes las posturas y las mejoras que se hagan y dará por terminado el acto cuando no haya quien mejore la última postura, adjudicando el bien al mejor postor. No se admitirán ofertas que no cubran la base.

Quien adquiera bienes mediante remate lo hará bajo su riesgo en cuanto a situación, estado o condiciones de hecho, consten o no en el expediente.

El postor, para participar, debe depositar el cincuenta por ciento (50%) de la base, en efectivo, mediante entero bancario a la orden del tribunal, cheque certificado de un banco costarricense o cualquier mecanismo tecnológico debidamente autorizado que garantice la eficacia del pago y señalar medio para atender notificaciones. Si en el acto del remate el comprador no paga la totalidad de lo ofrecido deberá depositarla dentro del tercer día; si no lo hiciera, se declarará insubsistente la subasta.

De todo lo actuado se levantará acta, la cual firmarán quien presidió, el comprador, las partes y sus abogados. Si cualquiera de los presentes no puede hacerlo se consignará esa circunstancia.

El acreedor que tenga derecho preferente de pago no estará obligado a hacer depósito para participar, siempre que la oferta fuera en abono a su crédito, el que para este efecto se fija en el capital más el cincuenta por ciento (50%). Si ofreciera una suma que supere su crédito, deberá depositar para participar. Si el monto ofrecido supera lo adeudado, una vez aprobada la liquidación final, se le prevendrá depositar la diferencia dentro del tercer día. Si no lo hiciera, el remate se declarará insubsistente.

Concordancias: 764 a 802 C.Ci., 30.2, 157, 158, 160, 161 y 162 CPC.

Artículo 160. Presentación de los bienes y celebración del remate en lugar donde estos se encuentren

Para efectos de remate, el tribunal podrá ordenar a quien los tenga en su poder la presentación de los bienes, a fin de inspeccionarlos o para que los postores los tengan a la vista. Si por su naturaleza no pudieran ser trasladados, se podrá disponer la inspección en el lugar donde se hallen y cuando se considere pertinente, el remate se verificará en el lugar en que estos se encuentren. Cuando haya ocultación de los bienes o negativa a ponerlos a disposición del tribunal, cuando este lo ordene, se pondrá en conocimiento de la autoridad penal competente.

Concordancias: 157, 158 y 159 CPC.

Artículo 161. Remate fracasado

Si en el primer remate no hubiera postor se efectuará la segunda subasta una vez transcurrido un plazo no menor de cinco días, rebajando la base en un veinticinco por ciento (25%) de la original. Si en el segundo remate tampoco hay oferentes, se celebrará una tercera subasta en un plazo no menor de cinco días. La tercera subasta se iniciará con el veinticinco por ciento (25%) de la base original y en ella el postor deberá depositar la totalidad de su oferta. Si en la tercera subasta no hubiera postores, se tendrán por adjudicados los bienes al ejecutante, por el veinticinco por ciento (25%) de la base original.

Concordancias: 157, 158 y 159 CPC.

Artículo 162. Remate insubsistente

Si el mejor oferente no consignara el precio dentro del plazo señalado, se tendrá por insubsistente el remate. El treinta por ciento (30%) del depósito se entregará a los ejecutantes como indemnización fija de daños y perjuicios y el resto en abono al crédito al acreedor ejecutante de grado preferente. Cuando hubiera varios acreedores ejecutantes de crédito vencido, el monto correspondiente a daños y perjuicios se girará a todos por partes iguales. Declarada la insubsistencia de la subasta, se ordenará celebrarla nuevamente y el depósito para participar será de la totalidad de la base.

Concordancias: 67.3.28, 157, 158 y 159 CPC.

Artículo 163. Aprobación, protocolización, cancelación de gravámenes y entrega del bien

Practicado el remate, el tribunal lo aprobará, si para su realización se han seguido las disposiciones legales. En la resolución que lo apruebe se ordenará cancelar las inscripciones o anotaciones relativas al crédito de grado superior vencido que se ejecuta y las inferiores a este, así como las que consten en la certificación base de la subasta y las que se hubieran anotado después. Asimismo, autorizará la protocolización pertinente y ordenará la entrega del bien.

Concordancias: 67.3.27, 148, 157, 158, 159 y 165 CPC.

Artículo 164. Liquidación del producto del remate

En el caso de venta en subasta de bienes, el producto será liquidado en el orden siguiente:

1. Las costas.

2. Los gastos de cuido, el depósito, la administración y el mantenimiento, desde el día del embargo hasta la firmeza del remate. El deudor no podrá cobrar honoraíos ni gastos si hubiera sido el depositario de los bienes rematados. En ese mismo supuesto, el ejecutante solo podrá cobrar los gastos de conservación.

3. El pago de intereses y capital, atendiendo al orden de prelación cuando existan varios acreedores. Si alguno no se presentara y el remate no se hubiera celebrado soportando su gravamen, se reservará lo que le corresponda.

El remanente será entregado al deudor, salvo si hubiera algún motivo de impedimento legal.

Concordancias: 67.3.29, 73, 154, 157, 158, 159 y 163 CPC.

Artículo 165. Impugnación del remate

El remate y la actividad procesal defectuosa que se haya producido antes o durante su celebración solo serán impugnables mediante los recursos que quepan contra la resolución que lo aprueba. La nulidad podrá alegarse con posterioridad a la firmeza del auto aprobatorio, por la vía incidental, únicamente cuando se sustente en una de las causales por las cuales es admisible la demanda de revisión. Dicho incidente será inadmisible si se planteara después de tres meses posteriores al conocimiento de la causal, del momento en que el perjudicado debió conocerla o pudo hacerla valer.

Concordancias: 72.1, 154, 157, 158, 159 y 163 CPC.

CAPÍTULO V
EJECUCIÓN HIPOTECARIA Y PRENDARIA

Artículo 166. Títulos

Las hipotecas comunes y de cédula, así como la prenda debidamente inscritas, constituyen títulos de ejecución con renuncia de trámites para hacer efectivo el privilegio sobre lo gravado o, en su caso, sobre la suma del seguro, así como para hacer efectivas todas las garantías personales, las cuales se entenderán limitadas al saldo en descubierto. Las hipotecas y las prendas que por disposición legal no requieran inscripción tienen la misma eficacia. Para esos efectos, constituyen documentos idóneos los originales de cédulas hipotecarias y sus cupones de intereses, las certificaciones de las escrituras de las hipotecas comunes y las prendas inscritas, siempre que en ellas conste que las inscripciones no están canceladas o modificadas por otro asiento.

Concordancias: 409 a 440 C.Ci.

Artículo 167. Demanda y resolución inicial

Con la demanda deberán presentarse los documentos en que se funde la ejecución. Se demandará al deudor y al propietario que consintió en el gravamen sobre los bienes y si no se hiciera, previa advertencia al actor para que complete la legitimación en el plazo de cinco días, se declarará la inadmisibilidad de la ejecución. Se podrá demandar a los fiadores para ejercer contra ellos su responsabilidad en caso de existir saldo en descubierto. De oficio, en la resolución que le da curso al proceso se ordenará y practicará la anotación de la demanda en el registro correspondiente, la cual afectará a los embargantes y anotantes posteriores, a quienes no será necesario notificarles.

Concordancias: 22.2, 30.2, 35 y 88 CPC.

Artículo 168. Oposición

En los procesos de ejecución hipotecaria y prendaria solo se admitirá oposición referida a falta de exigibilidad, pago y prescripción. Deberá formularse en el plazo de cinco días. Para dilucidar la oposición se seguirá el procedimiento incidental, no se suspenderá el remate, pero este no se aprobará mientras la oposición no sea rechazada.

Concordancias: 30.2, 113, 158 y 163 CPC.

Artículo 169. Desmejoramiento de la garantía

Cuando se probara que la garantía se ha desmejorado o se ha extinguido, podrán perseguirse otros bienes en el mismo proceso.

Concordancias: 981 C.Ci.

Artículo 170. Cobro de saldo en descubierto e inicio de proceso concursal

Ejecutadas las garantías reales, cuando sea procedente y a solicitud de parte, el tribunal establecerá el saldo en descubierto. Firme la resolución que lo disponga, podrán los acreedores perseguir en el mismo proceso otros bienes. Los acreedores de grado inferior no satisfechos podrán cobrar lo que se les adeude en el mismo expediente, para lo cual se formarán legajos independientes para cada uno. Cada legajo iniciará con una resolución en la que se establezca el monto adeudado. Si se dieran los presupuestos, los acreedores no satisfechos podrán solicitar, en el mismo expediente, la declaratoria de apertura de un proceso concursal. Para el trámite y la resolución de la solicitud de apertura del proceso concursal, se enviará el expediente al tribunal que corresponda.

Concordancias: 981 C.Ci.

Artículo 171. Integración normativa

Las disposiciones de la ejecución por suma líquida y de remate serán aplicables a estos procesos, en lo que sea pertinente.

Concordancias: 156 a 165 CPC.

CAPÍTULO VI
TERCERÍAS

Artículo 172. Clases de tercerías

Las tercerías pueden ser de dominio, de mejor derecho y de distribución. Son de dominio cuando el tercero alegue tenerlo sobre los bienes embargados; de mejor derecho, cuando se pretenda tener preferencia para el pago con el producto de ellos, y de distribución, cuando el tercero pretendiera participar del producto del embargo, de forma proporcional o a prorrata, alegando tener un crédito basado en un título de fecha cierta anterior a la práctica del embargo o de la anotación en el caso de bienes registrados.

Concordancias: 154 y 154.7 CPC.

Artículo 173. Admisibilidad

173.1. Requisitos de la demanda y documentos. La gestión inicial deberá ser estimada y reunir en lo pertinente los requisitos previstos para los incidentes, bajo apercibimiento de inadmisibilidad. Además, se deberá presentar bajo pena de rechazo de plano:

1. En las tercerías de dominio o de mejor derecho: sobre bienes registrables, documento acreditativo de la inscripción o de que está pendiente de ese trámite. Tratándose de bienes no registrables, documento auténtico que justifique el derecho del tercero, de fecha anterior al embargo.

2. En las tercerías de distribución, documento en el que conste una deuda dineraria de fecha cierta anterior al embargo. Además, documentación que acredite la insuficiencia patrimonial del deudor.

173.2. Oportunidad. No serán admisibles las tercerías de dominio cuando se hayan adjudicado en firme los bienes al comprador. Tampoco, las de mejor derecho o distribución cuando exista resolución firme que ordene el pago a favor de acreedores determinados.

Concordancias: 35, 113, 154, 154.7 y 172 CPC.

Artículo 174. Efectos procesales de la tercería

La interposición y la tramitación de una tercería no suspende el curso del procedimiento. Si fuera de dominio, se celebrará el remate, pero su aprobación quedará sujeta a la resolución final de la tercería. Si fuera de mejor derecho o de distribución, el pago que pudiera corresponder al tercerista se reservará para que le sea entregado en el caso de que su pretensión prospere.

Los terceristas tendrán limitada su intervención a lo relacionado con el aseguramiento y venta de bienes.

Concordancias: 154, 154.7, 159, 163, 172 y 173 CPC.

Artículo 175. Procedimiento

Para dilucidar las tercerías se seguirá el procedimiento incidental. En la resolución inicial se emplazará al ejecutante, al ejecutado y a cualquier acreedor que se hubiera apersonado. En las tercerías de distribución, si el promovente carece de sentencia a su favor, al dictarse el fallo deberá emitirse pronunciamiento sobre la existencia y la extensión del crédito y su derecho de participación en el producto de la ejecución.

Concordancias: 36, 113, 154, 154.7, 159, 163, 172 y 173 CPC.

Artículo 176. Efectos de la extinción del proceso sobre las tercerías de distribución

La extinción del proceso principal no implicará finalización de las tercerías de distribución en trámite. Si existe solo una tercería de distribución se considerará al tercerista como ejecutante, y si hubiera dos o más, lo será el más antiguo. En tal caso, se continuará con la ejecución y se mantendrán los embargos y cualquier otra medida precautoria que se hubiera decretado.

Concordancias: 36, 113, 154, 154.7, 172 y 173 CPC.

TÍTULO IV
PROCESO NO CONTENCIOSO

CAPÍTULO I
DISPOSICIONES GENERALES

Artículo 177. Procedencia

Se observarán las disposiciones establecidas en este título cuando la ley exija autorizar, homologar o controlar la legalidad de determinados actos jurídicos o comunicar, mediante intervención de tribunal, opciones u otros actos de voluntad y no exista otro procedimiento establecido.

Por este procedimiento se tramitarán:

1. El pago por consignación.

2. El deslinde y la demarcación de linderos.

3. La declaratoria de ausencia o la muerte presunta.

4. Cualquier otro estipulado en la ley.

Concordancias: 54 C.Ci., 8.3.2.2 CPC.

Artículo 178. Procedimiento

178.1. Solicitud y audiencia inicial. El procedimiento se iniciará por gestión del interesado, quien acompañará los documentos necesarios, indicando las normas legales aplicables. Cuando fuera necesario dar audiencia a alguna persona o institución, se le conferirá por un plazo de tres días.

178.2. Efectos de la oposición. Si antes de dictarse la resolución final surgiera oposición fundada, el tribunal suspenderá el procedimiento, remitirá al opositor a la vía ordinaria y le prevendrá la presentación del respectivo proceso de conocimiento dentro del plazo de un mes.

Si la oposición fuera infundada o el opositor no presentara la demanda dentro del mes, el tribunal continuará el procedimiento hasta su conclusión. En ambos supuestos, el opositor será condenado al pago de las costas causadas con la oposición.

178.3. Efectos de la oposición en supuestos especiales. Las reglas de la disposición anterior, en cuanto se prevé la remisión inmediata al proceso contencioso, no se aplicarán a la declaración de ausencia, a la presunción de muerte, ni a los procesos respecto de los cuales la ley establezca un trámite especial.

Concordancias: 71 a 79, 181 y 182 C.Ci., 22.6, 30.2, 34.1, 101 y 102 CPC.

CAPÍTULO II
PROCEDIMIENTOS ESPECÍFICOS

Artículo 179. Pago por consignación

179.1. Oferta de pago. Para que pueda verificarse la consignación de lo que el deudor ofreciera en descargo de su deuda, será necesario que le haga oferta al acreedor. La oferta de pago deberá hacerla un notario, según las disposiciones establecidas en las normas que regulan esa función, en el lugar designado para el pago o, en su defecto, en el domicilio del acreedor. En el acta se dejará constancia sobre la cantidad y la calidad de las especies ofrecidas y se consignará la aceptación o la negativa del acreedor.

Si lo debido fuera una cosa determinada en su individualidad y pagadera en el lugar donde se encuentre o en otro lugar distinto del domicilio del acreedor, o si el objeto no fuera determinado sino en su especie, no habrá necesidad de llevar el bien para hacer la oferta. En ese caso, bastará que se intime al acreedor para que acepte el pago y se indique de forma precisa el objeto de la prestación y el lugar donde se encuentra, lo que se hará constar en el acta.

Si en el momento de la oferta el acreedor no estuviera presente en el lugar que corresponde, se le dejará, si fuera posible, una copia del acta.

Los gastos del procedimiento de oferta, si fuera aceptada, serán a cargo del acreedor, cuando conste que privadamente se negó a recibir el pago.

179.2. Aceptación de la oferta. Si el acreedor acepta la oferta, el pago deberá hacerse en el acto, previa deducción de los gastos del procedimiento que correspondan. El acreedor deberá entregar el documento en el que consta el crédito o un recibo por la suma entregada en los demás casos. El recibo podrá omitirse si el acreedor suscribiera el acta notarial.

179.3. Presunción de negativa a aceptar la oferta. Se presume la negativa del acreedor a recibir lo ofrecido, cuando no se encuentre en el lugar designado para el pago, no hubiera mandatario encargado de recibir en su nombre o por cualquier otra causa que le sea atribuible.

179.4. Consignación. Si la oferta no es aceptada y el deudor quiere liberarse por medio de la consignación, procederá a verificar el depósito judicial ante el órgano del lugar donde deba verificarse el pago, dentro de los tres días siguientes a la oferta. A la gestión en que se ponga en conocimiento del tribunal la consignación, acompañará testimonio de escritura de la oferta. Verificada la consignación, el tribunal ordenará el depósito según lo que dispone la ley.

179.5. Procedimiento. De la consignación se emplazará por cinco días al acreedor. Si la aceptara deberá pagar los gastos de la oferta y de la consignación, que se fijarán en el mismo expediente y se pagarán de lo depositado, si fuera dinero. El tribunal entregará lo depositado al acreedor y al deudor el título con la razón de cancelado. Si se tratara de inscripciones o anotaciones en los registros públicos, la cancelación se ordenará por mandamiento.

Cuando la consignación no fuera aceptada, el acreedor deberá presentar el proceso correspondiente para discutir sobre su validez y eficacia dentro del plazo de un mes, salvo que exista proceso pendiente, en cuyo caso sobre ello se resolverá en este. Si no lo hiciera en ese plazo, se tendrá por cancelada la obligación y se le condenará al pago de ambas costas, daños y perjuicios. La sentencia determinará a quien corresponde el pago de los gastos provenientes de la oferta y de la consignación.

Si el acreedor fuera incapaz de recibir el pago y careciera de representante, hecha en forma la consignación, se pondrá en conocimiento de la Procuraduría General de la República y, en su caso, del Patronato Nacional de la Infancia, y se nombrará representante del menor o incapacitado. Si el acreedor fuera incierto o desconocido, se publicará la consignación por una vez en el Boletín Judicial.

179.6. Consignación sin necesidad de oferta. Cuando lo debido sean alquileres, obligaciones alimentarias, deudas hipotecarias o prendarias, la consignación no requerirá oferta real de pago y se seguirá, en lo que sea aplicable, el procedimiento establecido para la consignación con oferta.

El pago se tendrá por bien hecho si el deudor deposita el monto total debido, incluidos los intereses cuando proceda, en el tribunal competente a la orden del acreedor, siempre que lo haga dentro del plazo de la obligación y comunique por cualquier medio idóneo, dentro del tercer día hábil siguiente, al día en que hubiera sido realizada, la existencia de la consignación.

Hecha la consignación, se dará audiencia por cinco días al acreedor. Si este la acepta o no se opone, o no contesta la audiencia, el tribunal ordenará la entrega al acreedor y dará por terminado el proceso, salvo que se trate de obligaciones periódicas, en cuyo caso ordenará las entregas sucesivas sin necesidad de nueva resolución.

Se entregará al deudor el documento en que conste la obligación debidamente pagada o se ordenará la cancelación por mandamiento, cuando corresponda.

Cualquier tercero con interés en liberar los bienes dados en garantía podrá acogerse a estas disposiciones.

Concordancias: 797, 798 y 802 C.Ci., 22.6, 30.2 y 35 CPC.

Artículo 180. Deslinde y demarcación de linderos

180.1. Procedencia. El proceso no contencioso de deslinde y demarcación es procedente cuando entre dos o más fundos no exista demarcación de linderos.

180.2. Procedimiento. En la solicitud se expresará si el deslinde debe practicarse en toda la extensión del perímetro del terreno, o solamente en una parte que colinde con un inmueble determinado. Además, se indicarán los nombres y las calidades de las personas necesarias para ser citadas al acto, o si se ignoran esas circunstancias. Deberá acompañarse el título de propiedad y cualquier otra documentación útil.

El tribunal señalará el día y la hora en que deba comenzar el acto, previa citación a todos los interesados para que concurran con sus documentos o los remitan. Los desconocidos y los de residencia ignorada serán citados mediante la publicación de un solo edicto en el Boletín Judicial. La falta de asistencia de alguno de los colindantes no suspenderá la práctica del deslinde y la demarcación de linderos.

El acto se verificará conforme a lo establecido en el Código Civil, con la asistencia de agrimensores y peritos de nombramiento de los interesados, cuando fuera necesario.

Realizados sin oposición, se extenderá acta, con indicación de todas las circunstancias topográficas para dar a conocer la línea divisoria de las fincas, los hitos, los mojones o las señales divisorias colocadas o mandadas a colocar, su dirección y distancia de uno a otro y demás aspectos relevantes del acto. Del acta se dará copia a los interesados y se mandará a protocolizar si alguno lo solicitara.

El tribunal calculará los gastos y determinará el monto que debe pagar cada interesado.

Si surgiera oposición de alguno o algunos de los colindantes, el deslinde y la demarcación continuará en relación con la porción respecto de la cual no hubiera conflicto.

180.3. Remisión al proceso ordinario. Si al momento de hacer el deslinde y la demarcación de linderos surgiera oposición entre los colindantes, se dará por terminado el proceso no contencioso en cuanto a la parte de la finca colindante con la del opositor u opositores, y los interesados deberán debatir el conflicto en proceso ordinario.

Concordancias: 295 a 302 C.Ci., 29.3, 35, 41.4.6, 50.5, 101 y 102 CPC.

Artículo 181. Declaratoria de ausencia

181.1. Procedimiento para decretar medidas provisionales antes de la declaratoria de ausencia. Cuando se soliciten medidas provisionales previas a la declaratoria de ausencia, acreditados los hechos pertinentes, el tribunal nombrará curador al ausente y se ordenará publicar tres edictos en días consecutivos en un diario de circulación nacional, en los cuales se hará saber del nombramiento del curador.

181.2. Procedimiento de la declaratoria de ausencia. En la solicitud se indicará el nombre y las calidades del solicitante y del presunto ausente, su relación con este, la fecha en que desapareció o se conocieron las últimas noticias, acreditación de que no tiene apoderado, existencia de testamento y una lista de sus bienes. A la solicitud de declaración de ausencia se le agregará el expediente sobre las medidas provisionales, si se hubiera creado. Si fuera admisible, el tribunal dispondrá la publicación de un edicto en un diario de circulación nacional, en el que se indique la existencia del proceso, el nombre del promovente y las calidades del presunto ausente. Además, cuando sea necesario se nombrará a un administrador provisional de los bienes. Pasado un mes desde la última publicación, si no hubiera noticias del ausente ni oposición de algún interesado, si estuviera demostrada la ausencia, el tribunal la declarará y ordenará la publicación de la parte dispositiva de la resolución en un diario de circulación nacional, por tres veces, con intervalos de diez días.

181.3. Administración de bienes por declaratoria de ausencia. Declarada la ausencia por resolución firme, la administración de los bienes se regirá por las siguientes disposiciones:

1. Si hubiera testamento, se procederá a su apertura o comprobación por el trámite correspondiente.

2. Previo a la administración, se rendirán las garantías que procedan conforme a la ley.

3. Si los bienes admitieran cómoda división, cada heredero, legatario, donatario o quien tenga un derecho subordinado a la muerte del ausente, administrará su parte. Si no admitieran cómoda división, los herederos nombrarán entre ellos un administrador general y si no hubiera acuerdo, el tribunal lo nombrará entre los mismos herederos y deberá rendir garantía. Si una parte admitiera cómoda división y otra no, respecto de esta se nombrará administrador general.

Concordancias: 67 a 77 C.Ci., 19.4, 35.1, 75, 77, 88, 97 y 118 CPC.

Artículo 182. Presunción de muerte

Para declarar la muerte presunta de una persona se observará el siguiente procedimiento:

1. Demostrados los hechos, el tribunal declarará la muerte presunta y comunicará lo resuelto al Registro Civil, para su inscripción. La parte dispositiva de la resolución se publicará en un diario de circulación nacional, por tres veces, con intervalos de diez días.

2. Si se hubiera entregado la posesión provisional de los bienes, en virtud de un proceso de declaratoria de ausencia y no les fuera disputada a los poseedores su calidad, se les tendrá por tales y se cancelarán las garantías dadas por ellos. Si los bienes no se hubieran entregado, deberá promoverse el proceso sucesorio.

Concordancias: 71, 77 a 78, 97 y 181 C.Ci., 35.1, 75, 77, 88, 97, 115, 118 y 135 CPC.

TÍTULO V
DISPOSICIONES FINALES

CAPÍTULO I
DEROGACIONES

Artículo 183. Derogaciones

Se derogan las siguientes disposiciones:

1. La Ley N° 7130, denominada Código Procesal Civil, de 16 de agosto de 1989, con las siguientes excepciones que se mantienen vigentes, mientras no se publiquen las normas que las sustituyan: los artículos 709 a 818; 825 a 870 y 877 a 885.

2. La Ley N° 8624, Ley de Cobro Judicial, de 1 de noviembre de 2007.

3. El artículo 115 de la Ley N.° 7333, Ley Orgánica del Poder Judicial, de 5 de marzo de 1993.

4. Los artículos 417, 419, 544 y 555 de la Ley N.° 63, Código Civil, de 28 de setiembre de 1887.

5. Los artículos 431, inciso a) 908, 909, 910 y 915 de la Ley N.° 3284, Código de Comercio, de 30 de abril de 1964.

6. La Ley N.° 9160, Ley de Monitorio Arrendaticio, de 13 de agosto de 2013.

CAPÍTULO II
MODIFICACIONES

Artículo 184. Reformas. Se reforman las siguientes disposiciones legales:

1) De la Ley N.° 63, Código Civil, los artículos 529, 542, 543, 556 y 557.

"**Artículo 529.**- El plazo para aceptar la herencia será de quince días hábiles, contado desde la publicación, en el Boletín Judicial, del edicto en el que se avise sobre el inicio del proceso de sucesión y se emplace a los interesados en esta. Cuando aparezcan en autos el nombre y el lugar de residencia del heredero no correrá para él el término del emplazamiento, sino desde la fecha en la que se le notifique personalmente. Si no fuera del caso notificar personalmente al heredero, y este se hallara fuera de la República, el término para aceptar la herencia se considerará prorrogado por treinta días hábiles más, para el solo efecto de que, si aquel hubiera entrado en posesión de la herencia, no haga suyos los frutos recibidos."

"**Artículo 542.**- El testador puede nombrar albaceas propietario y suplente; si elige varios propietarios o varios suplentes solo ejercerá el cargo uno de ellos y los llamará en el orden en que estén nombrados. Cuando falte albacea testamentario, el tribunal designará a quien ocupará el cargo entre los interesados en la sucesión y preferirá en igualdad de circunstancias al cónyuge, a los hijos, a la madre o al padre. El cargo de albacea es por tiempo indefinido. De igual forma, se procederá en caso de remoción o separación."

"**Artículo 543.**- En los asuntos en que el albacea tenga interés propio que esté en contradicción con el de los demás interesados en la sucesión, el juez nombrará un albacea específico."

"**Artículo 556.**- El albacea puede ser removido a voluntad de la mayoría de los herederos o por faltar a alguna de sus obligaciones. Si el albacea fuera testamentario, al removerlo sin causa, cualquiera que sea el estado del proceso de sucesión, se le abonarán todos los honorarios como si estuviera concluido.

Artículo 557.- El albacea gana por su trabajo los honorarios que le haya fijado el testador y en caso de que este no le haya señalado, o de albacea dativo, recibirá como honorario el cinco por ciento (5%) sobre los primeros diez mil colones (¢10.000) del capital líquido de la sucesión, y el dos coma cinco por ciento (2,5%) sobre la cantidad que exceda de diez mil colones (¢ 10.000).

Los honorarios de los albaceas suplente y específico serán fijados por las partes o, en su defecto, por el juez."

2) De la Ley Nº 7472, Promoción de la Competencia y Defensa Efectiva del Consumidor, el párrafo final del artículo 17 y el artículo 46.

"Artículo 17.- Competencia desleal

[...]

Los agentes económicos que se consideren afectados por las conductas aludidas en este artículo solo podrán hacer valer sus derechos en la vía judicial por el proceso ordinario. Lo anterior, sin perjuicio de los procedimientos administrativos y judiciales, que se realicen para proteger al consumidor por los efectos reflejos de los actos de competencia desleal, en los términos del inciso b) del artículo 53 de esta ley."

"Artículo 46.- Acceso a la vía judicial

Para hacer valer sus derechos, el consumidor puede acudir a la vía administrativa o a la judicial, sin que estas se excluyan entre sí, excepto si se opta por la vía judicial.

En la vía judicial debe seguirse el proceso sumario establecido en el Código Procesal Civil.

Los procesos que se entablen para reclamar la anulación de contratos de adhesión o el resarcimiento de daños y perjuicios en virtud de violaciones a esta ley, para los cuales la Comisión Nacional del Consumidor no tiene competencia, serán conocidos solo por los órganos jurisdiccionales competentes, de conformidad con este artículo."

3) De la Ley N.° 7527, Ley General de Arrendamientos Urbanos y Suburbanos, los artículos 36, 124, 128 y 129.

"Artículo 36.- Inconformidad del arrendador

Cuando el arrendador no esté conforme con las reparaciones solicitadas por el arrendatario o con el monto de ellas podrá recurrir a la autoridad judicial competente, mediante el proceso sumario, sin que por ello se suspendan las reparaciones en la cosa arrendada."

"Artículo 124.- Pretensiones en proceso ordinario

Las pretensiones que puedan derivar las partes, con motivo de la extinción del contrato de arrendamiento por causa de nulidad, rescisión, evicción y pérdida o destrucción de la cosa arrendada, así como las de indemnización por daños y perjuicios, la del restablecimiento o reconocimiento de un derecho subjetivo lesionado y cualquier otra pretensión procesal derivada del contrato de arrendamiento, que no pueda deducirse por procesos sumarios, incidental, hipotecario o prendario, se promoverán según el proceso ordinario que establece el Código Procesal Civil."

"**Artículo 128.- Acumulación de pretensiones de un mismo actor**

En un mismo proceso ordinario se acumularán todas las pretensiones que el actor tenga que deducir contra el demandado. El arrendador podrá acumular, voluntariamente, la acción de desahucio, en cuyo caso todas las pretensiones se tramitarán en un solo proceso ordinario, de acuerdo con sus propias normas, y se resolverán en una misma sentencia."

"**Artículo 129.- Reconvención**

En el proceso ordinario se acumularán todas las pretensiones que el demandado deba deducir contra el actor, por vía de reconvención. En el caso de desahucio por reconvención, se aplicará la regla del artículo anterior."

4) De la Ley Nº 7333, Ley Orgánica del Poder Judicial, se reforma: al artículo 5 se le adiciona un párrafo primero; al 54 los incisos 1 y 7; al 55 y 56 se les adiciona un inciso; al 95 los incisos 1 y 2 y el 105, y se adiciona un artículo 95 bis.

"**Artículo 5.-** Si los jueces no cumplen con los plazos establecidos para realizar sus actuaciones y, en su caso, dictar resoluciones, la parte interesada podrá urgir el pronto despacho ante el funcionario judicial omiso, y si no lo obtiene dentro del término de cinco días naturales podrá interponer la queja por retardo de justicia ante la Corte Suprema de Justicia o la inspección judicial, según corresponda. Cuando sea demorado o rechazado el diligenciamiento de una comisión dirigida a otro tribunal o a una autoridad administrativa, el funcionario requirente podrá dirigirse al presidente de la Corte Suprema de Justicia, quien, si procede, gestionará u ordenará la tramitación. Los funcionarios judiciales podrán ser sancionados disciplinariamente con suspensión o despido, según la magnitud de la falta, cuando la justicia se haya retardado por causa atribuibles a ellos.

[...]."

"**Artículo 54.-** La Sala Primera conocerá:

1) De los recursos de casación y revisión que procedan, conforme a la ley, en los procesos ordinarios, en las materias civil y comercial, con salvedad de los asuntos referentes al derecho de familia y a procesos universales.

[...]."

7) Del auxilio judicial internacional y del reconocimiento y eficacia de sentencias y laudos extranjeros en materia civil y comercial, con la salvedad de lo que corresponda conocer a las otras salas de la Corte.

[...]."

"**Artículo 55.-** La Sala Segunda conocerá:

[...]

6) Del auxilio judicial internacional y del reconocimiento y eficacia de sentencias y laudos extranjeros en materia laboral, familia, sucesoria y concursal, con la salvedad de lo que corresponda conocer a las otras salas de la Corte."

"**Artículo 56.-** La Sala Tercera conocerá:

[...]

5) Del auxilio judicial internacional y del reconocimiento y eficacia de sentencias y laudos extranjeros en materia penal, con la salvedad de lo que corresponda conocer a las otras salas de la Corte."

"**Artículo 95.-** Los tribunales colegiados de apelación civiles conocerán:

1. De los recursos de apelación que procedan contra las resoluciones de los tribunales colegiados de primera instancia y de los juzgados civiles. Si el proceso es de menor cuantía será conocido por un integrante del tribunal colegiado de forma unipersonal.

2. De los cuestionamientos sobre competencia subjetiva de sus integrantes.

[...].

Artículo 95 bis.- Los tribunales colegiados de primera instancia civiles conocerán:

1.- De los procesos ordinarios de mayor cuantía.

2.- De los cuestionamientos de competencia subjetiva de sus integrantes.

3.- De los demás procesos que determine la ley."

"**Artículo 105**. Los juzgados civiles conocerán:

1) De todos los procesos civiles y comerciales, con excepción del ordinario de mayor cuantía. Además de los monitorios arrendaticios y desahucios que sean interpuestos a favor o en contra del Estado, un ente público o empresa pública.

2) De los cuestionamientos sobre competencia subjetiva, cuando corresponda.

3) De los demás procesos que determine la ley."

5) Los artículos 758, 764, 775 y 799 de la Ley N.° 7130, Código Procesal Civil, de 16 de agosto de 1989.

"**Artículo 758.- Recursos**

Las resoluciones que se dicten tendrán recurso de revocatoria y, con las excepciones resultantes de la ley únicamente cabrá el de apelación contra las siguientes:

1. La que rechace de plano la petición del convenio.

2. La que declare insubsistente el procedimiento o el convenio ya aprobado.

3. La que fije honorarios.

4. La que resuelva sobre autorizaciones. La que se pronuncie sobre gestiones de terceros o resuelva cuestiones sustanciales no reguladas expresamente en las disposiciones relativas a este procedimiento.

Las resoluciones que se pronuncien sobre el concordato, su resolución o nulidad, únicamente tendrán recurso de casación si la cuantía lo permite. Si el negocio es de menor cuantía solo tendrán apelación.

En lo pertinente, se aplicará lo dispuesto en el artículo 741."

"Artículo 764.- Recursos

La resolución que decrete la apertura del concurso solo tendrá revocatoria y casación. La que la deniegue tendrá recurso de revocatoria y apelación con efecto no suspensivo.

De previo a resolver la revocatoria, el juzgado podrá ordenar y recibir las pruebas que estime indispensables.

No obstante que se admita la casación contra la resolución en que se decrete la apertura, y mientras la sala no resuelva, el juzgado deberá seguir conociendo del proceso concursal, sin que deba rendir garantía alguna.

En la interposición y trámite de los recursos podrán intervenir el deudor, el curador y los acreedores.

Revocada la declaratoria del concurso, volverán las cosas al estado que tenían con anterioridad; sin embargo, deberán respetarse los actos de administración legalmente realizados por el curador, lo mismo que los derechos adquiridos por terceros de buena fe.

La revocatoria se publicará de la misma manera que la declaratoria del concurso."

"Artículo 775.- Aceptación, oposición y trámite

La existencia, cantidad y preferencia de un crédito se reputarán reconocidas e indisputables, cuando el curador y el deudor las hayan aceptado y los acreedores las hayan reconocido unánimemente. El juez deberá dictar resolución en tal sentido.

Si el informe del curador objetara alguno de esos aspectos del crédito o si el deudor o los acreedores presentaron impugnaciones dentro del término señalado en el artículo anterior o antes, se oirá por cinco días a los acreedores objetados. Al contestar, deberán ofrecer las pruebas que correspondan, de las cuales el juez ordenará recibir las que considere pertinentes.

Estas pruebas deberán ser evacuadas dentro del plazo de veinte días y se prescindirá de las no evacuadas en ese plazo, sin necesidad de resolución al efecto.

Vencida la audiencia sin ofrecerse ninguna prueba o una vez evacuada la prueba ofrecida por las partes que fue aceptada o prescindida la que falte, el juez resolverá lo que corresponda, salvo que ordene alguna para mejor proveer. El plazo para resolver será de quince días.

Lo resuelto admitirá únicamente el de casación, si procediera de acuerdo con la cuantía. De lo contrario, solo admitirá el recurso de apelación.

Lo que se decida tendrá la autoridad y la eficacia de la cosa juzgada material.

Al acreedor rechazado se le devolverán sus títulos, con la razón correspondiente."

"**Artículo 799.- Cosa juzgada material**

La sentencia en la que se apruebe o impruebe el convenio tendrá la autoridad y eficacia de la cosa juzgada material y admitirá únicamente el recurso de casación."

6) Los artículos 889 y 957 de la Ley N.° 3284, Código de Comercio, de 30 de abril de 1964:

"**Artículo 889.**- En la legalización de créditos se seguirá el procedimiento establecido para el concurso civil de acreedores. Al hacer la legalización, el acreedor deberá presentar el documento en el que conste la obligación. Mientras el acreedor no compruebe la calidad de tal en forma satisfactoria, no se dará curso a su legalización, ni a gestión suya, ni tendrá voz ni voto, ni le será acordado dividendo alguno. El curador, bajo su responsabilidad, deberá informar al juzgado acerca de la procedencia o improcedencia de los créditos presentados."

"**Artículo 957.**- La sentencia que conceda o deniegue la rehabilitación solo tendrá recurso de casación."

Artículo 185

Se autoriza a la Corte Suprema de Justicia para que reorganice y especialice tribunales colegiados y unipersonales de primera y segunda instancia, para el conocimiento de procesos, pretensiones y materias que lo requieran;

además, para organizar y establecer el funcionamiento de los tribunales, según lo amerite el servicio público.

DISPOSICIONES TRANSITORIAS

Transitorio I

Los procesos que estuvieran pendientes a la entrada en vigencia de este Código se tramitarán, en cuanto sea posible, ajustándolos a la nueva legislación, procurando aplicar las nuevas disposiciones y armonizándolas, en cuanto cupiera, con las actuaciones ya practicadas.

Transitorio II

Contra las resoluciones que estuvieran dictadas al entrar en vigencia este Código cabrán los recursos autorizados por las disposiciones procesales vigentes al momento en que se dictaron.

Transitorio III

A partir de la entrada en vigencia de este Código, los procesos ordinarios y abreviados de mayor cuantía, en los cuales no haya iniciado la fase probatoria, pasarán al tribunal colegiado de primera instancia.

Transitorio IV

En lo que se refiere a la revisión, se aplicarán las disposiciones de este Código.

Transitorio V

Las pretensiones que, conforme a otras leyes estaban previstas para tramitarse por el proceso abreviado, se dilucidarán en lo sucesivo por el proceso ordinario, salvo aquellas para las cuales se haya establecido un proceso específico en este Código.

Transitorio VI

La Corte Suprema de Justicia dictará, de oficio o a propuesta de los tribunales, las normas prácticas que sean necesarias para la aplicación de este Código.

Rige treinta meses después de su publicación.

DADO EN SAN JOSÉ, EN LA SALA DE SESIONES DE LA COMISIÓN PERMANENTE ESPECIAL DE REDACCIÓN, A LOS TREINTA DÍAS DEL MES DE NOVIEMBRE DE DOS MIL QUINCE.

Marta Arauz Mora　　Johnny Leiva Badilla
Fabricio Alvarado Muñoz　　Henry Mora Jiménez

Gerardo Vargas Varela
DIPUTADAS y DIPUTADOS

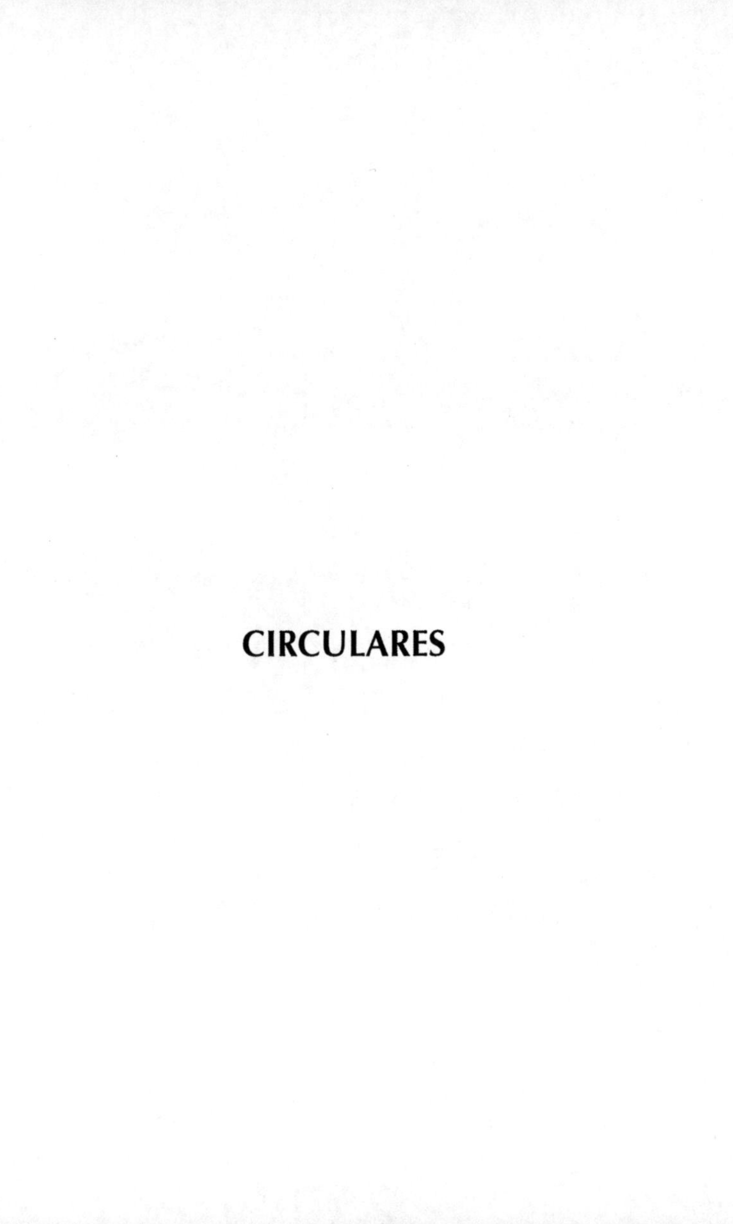

CIRCULARES

CIRCULAR N° 104-2013

Asunto: *" Reglamento sobre Expediente Judicial Electrónico ante el Poder Judicial".-*

A TODOS LOS DESPACHOS JUDICIALES DEL PAÍS
SE LES HACE SABER QUE:

La Corte Plena en sesión N° 22-13, celebrada el 20 de mayo de 2013, artículo XXXI, aprobó el siguiente " Reglamento sobre Expediente Judicial Electrónico ante el Poder Judicial", que literalmente dice:

"Reglamento sobre Expediente Judicial Electrónico ante el Poder Judicial

CAPÍTULO I
De la informatización del proceso judicial

Artículo 1 Objetivo del Reglamento. El uso de medios electrónicos en la tramitación de procesos judiciales, comunicación de actos y transmisión de piezas procesales será admitido en los términos de este Reglamento.

Artículo 2 Firmas de documentos electrónicos. Para que una pieza procesal sea válida, para los efectos procesales, requiere una firma digital, electrónica y holográfica consistente en la identificación inequívoca del suscriptor y puede darse en las siguientes formas:

a) Firma digital basada en un certificado digital emitido por Autoridad Certificadora acreditada.

b) Firma electrónica mediante registro como persona usuaria en el Poder Judicial.

c) Firma holográfica mediante dispositivo o capturador de firmas utilizado por despachos y fiscalías electrónicas.

Todos los actos procesales del proceso electrónico serán firmados conforme a lo dispuesto en este artículo.

Artículo 3 Acreditación de la firma. La acreditación ante el Poder Judicial será realizada mediante procedimiento en el cual se asegurará la adecuada identificación de la persona interesada.

A la persona acreditada le será atribuido un registro y un medio de acceso al sistema, de modo que se preserven la privacidad, el secreto, la identificación y la autenticidad de sus comunicaciones. Los órganos del Poder Judicial deberán crear un registro único para la acreditación prevista en este artículo.

Artículo 4 Neutralidad tecnológica. Los sistemas informáticos del Poder Judicial deberán ser compatibles con diversas tecnologías, en procura de la neutralidad tecnológica y su accesibilidad. Además, se deberá garantizar la continuidad del servicio.

Artículo 5. Días y horas hábiles. Todos lo días y horas serán hábiles para presentar gestiones por vía electrónica. Las presentadas en días y horas en que los tribunales estén cerrados, se tendrán por recibidas el día hábil siguiente.

Cuando la actuación o gestión tenga como finalidad cumplir un plazo, se consideraran presentados en tiempo los recibidos hasta las 24 horas del último día del plazo. Si el sistema del Poder Judicial estuviera inaccesible por motivos técnicos, el plazo se prorrogará hasta el primer día hábil siguiente a la solución del problema.

CAPÍTULO II
Del proceso electrónico

Artículo 6 Acceso a la información de la persona usuaria. Cada oficina y despacho judicial, deberá garantizar el derecho de acceso a la información y acceso a la Justicia de las personas usuarias que se encuentran en condición de desventaja en cuanto al uso de la tecnología disponible (brecha digital) y las poblaciones en condición de vulnerabilidad, identificadas según las Cien Reglas de Brasilia; por lo que, por ningún motivo el uso de la tecnología se convertirá en una barrera u obstáculo para el ejercicio de esos derechos.

En caso de que la persona usuaria no tenga acceso a los medios tecnológicos, o bien, se encuentre en condición de vulnerabilidad, y así lo haga saber, se procederá a facilitar la información de la forma que lo requiera según las necesidades particulares (audio, braille, CD, llave de almacenamiento, fotocopia, impresa, otros).

Artículo 7 Proceso electrónico. El Poder Judicial desarrollará sistemas de procesamiento de las acciones judiciales cero papel, por medio de actos, resoluciones y comunicaciones digitales, utilizando, preferentemente, la red mundial Internet y acceso por medio de redes internas o aquellas que surjan conforme los avances tecnológicos.

El Poder Judicial deberá mantener equipos de digitalización y de acceso a la red mundial Internet a disposición de las personas en condición de vulnerabilidad.

Artículo 8 Comunicaciones judiciales. En el proceso electrónico, todas las comunicaciones judiciales serán efectuadas por medio electrónico.

Las comunicaciones judiciales electrónicas, que posibiliten el acceso integral a las piezas del proceso correspondiente, serán equivalentes a las presenciales para todos los efectos legales.

Cuando, por motivo técnico, resulte inviable el uso del medio electrónico para la realización de la comunicación judicial, ese acto procesal podrá ser practicado según las reglas ordinarias, digitalizándose el documento físico, que deberá ser devuelto a la parte o en su defecto destruido por la oficina judicial.

Artículo 9 Comunicación entre despachos. Para el trámite de los procesos judiciales electrónicos, se deberá considerar en cada caso, las limitaciones tecnológicas (brecha digital) de aquellos despachos y oficinas judiciales involucradas, que se encuentran en condición de desventaja en cuanto al uso de medios electrónicos. En estos casos, la información se deberá remitir por los medios que garanticen su acceso, identidad, preservación e integridad de los datos. Cuando el despacho destinatario tenga una gestión judicial con soporte de papel y se encuentre en condiciones de desventaja o rezago tecnológico, la oficina remitente le enviará la información en papel. Esta misma regla se observará en el trasiego de información entre el Organismo de Investigación Judicial, la Defensa Pública y el Ministerio Público.

Artículo 10 Formas de presentación del acto procesal. Todo acto procesal o gestión de partes deberá ser presentado en formato digital dentro del proceso electrónico. Estos pueden ser hechos directamente por los abogados y abogadas públicos y privados, por la parte interesada o por un tercero acreditado, sin necesidad de presentación física en el despacho. Los juzgados, tribunales y fiscalías electrónicas podrán requerir la comparecencia de la persona interesada, cuando existan motivos para presumir la adulteración o falsedad del acto o gestión. Si la parte lo requiere, se podrá suministrar un acuse de recibo electrónico. La tramitación de estos actos o gestiones deberá darse de forma expedita.

Los originales de los documentos digitalizados deberán ser conservados por la parte, quien los presentará al despacho en el momento que lo requiera.

Artículo 11 Equivalencia funcional de los documentos. Los documentos producidos electrónicamente y presentados en los procesos electrónicos con garantía de su origen y signatario, en la forma establecida en el ordenamiento jurídico, serán considerados originales para todos los efectos legales.

Los extractos digitales y los documentos digitalizados y aportados al expediente judicial electrónico por los órganos jurisdiccionales y sus auxiliares, por el Ministerio Público y sus auxiliares, por las procuradurías, por las autoridades policiales, por las instituciones públicas en general y por abogados y abogadas públicos y privados y toda aquella parte interviniente en el proceso, tienen la misma fuerza probatoria de los originales, sin perjuicio del alegato motivado y fundamentado de adulteración antes o durante el proceso de digitalización. La misma validez y eficacia probatoria, tendrán los testimonios de piezas expedidos en forma electrónica, por el órgano jurisdiccional y las fiscalías electrónicas.

Los despachos con gestión judicial en soporte de papel, deberán privilegiar el recurso de la digitalización (escaneo) sobre el de la impresión, cuando tengan que expedir testimonios o certificación de piezas destinados a despachos y fiscalías electrónicas.

Los documentos cuya digitalización sea técnicamente inviable debido a su gran volumen o por su ilegibilidad deberán ser presentados al despacho en el plazo de 5 días contados desde el envío de la petición electrónica comunicando el hecho, una vez que se haya presentado el documento o los documentos en el despacho correspondiente, y sea posible su digitalización o el escaneo, será la parte quién deberá custodiarlo.

Los documentos digitalizados aportados en proceso electrónico solamente estarán disponibles para acceso por medio de la red mundial Internet para sus respectivas partes procesales, sus representantes y para el Ministerio Público, salvo lo dispuesto en el ordenamiento jurídico para las situaciones de secreto de las piezas.

Artículo 12 Conservación y destrucción. La conservación de los procesos podrá ser efectuada, total o parcialmente, por medios electrónicos.

Los procesos electrónicos deberán ser protegidos por medio de sistemas de seguridad de acceso y almacenados en un medio que garantice la identidad, preservación e integridad de los datos, evitando la formación de legajos paralelos físicos.

Los documentos de procesos electrónicos que deban ser remitidos a otro juzgado o instancia superior, que no disponga de un sistema informático compatible, deberán ser enviados utilizando cualquiera de los medios seguros y confiables a que se refiere el artículo 6 bis dela Ley Orgánicadel Poder Judicial. Cuando el despacho destinatario tenga una gestión judicial con soporte de papel y además se encuentre en condiciones de desventaja o rezago tecnológico, la oficina o juzgado remitente le enviará la información en papel.

En caso de migrar de un modelo tradicional a un modelo electrónico, los documentos que originalmente se presentaron en papel, serán escaneados por el Poder Judicial para la generación del expediente judicial electrónico. Previa publicación, por edictos, a las partes o sus representantes, se les concederá 30 días hábiles, para que los retiren, pasado ese plazo, se destruirán juntamente con el expediente físico correspondiente.

Las gestiones y documentos físicos que presenten las partes o sus representantes, o interesados en el proceso, destinados a un despacho o fiscalía electrónica, serán digitalizados por las Oficinas de Recepción de Documentos, y luego devueltos con la prevención a los interesados de preservar los documentos originales, hasta el fenecimiento del proceso, y presentarlos en el momento en que la autoridad competente así lo requiera.

Artículo 13 Registros electrónicos. Los libros de entrada, reportes, formularios y otros registros de los órganos del Poder Judicial deberán ser generados y almacenados en medio totalmente electrónico.

CAPÍTULO III
Gestiones de partes en procesos ante el Poder Judicial por medios electrónicos, informáticos, telemáticos o semejantes

Artículo 14 Gestión judicial sin soporte de papel. Las partes, los abogados y abogadas, públicos y privados, e interesados en un proceso deberán gestionar por medios electrónicos sin necesidad de presentación física en el despacho judicial, cumpliendo con los procedimientos establecidos para garantizar la autenticidad, integridad y seguridad de la información, y las disposiciones de este Reglamento. Los juzgados, tribunales y fiscalías electrónicas podrán requerir la comparecencia de la persona interesada, cuando existan motivos para presumir la adulteración o falsedad del acto o gestión.

Las alteraciones que afecten la autenticidad o integridad de los soportes electrónicos, informáticos, magnéticos, ópticos, telemáticos y los producidos por nuevas tecnologías, utilizados por las partes, causarán la pérdida de la validez y eficacia de los mismos.

Artículo 15 Sitio Web Oficial. La presentación de demandas y denuncias penales nuevas, escritos o cualquier otra gestión ante despachos judiciales o fiscalías, ambos electrónicos, deberá ser realizada electrónicamente, previa acreditación, mediante el Sistema de Gestión en Línea provisto por el Poder Judicial, el cual se encuentra ubicado en el sitio Web oficial de la Institución www.poder-judicial.go.cr.

Artículo 16 Correo Electrónico. En caso de que el despacho no cuente con los sistemas indicados en el artículo anterior, se podrá recurrir al uso del correo electrónico, sin perjuicio de lo dispuesto en el artículo 18 de este Reglamento. Para usar un correo electrónico deberá realizarse desde una dirección previamente validada por la Institución de acuerdo con los medios vigentes.

Artículo 17 Fax. Los documentos remitidos por fax se consideran válidos sin la necesidad de presentar el original. El abogado, abogada o la parte deberá custodiar el original. Si el Ministerio Público, las partes, o el órgano jurisdiccional, dudan de la autenticidad o contenido, podrán ordenar la presentación del escrito original.

Artículo 18 Validez de documentos electrónicos. Todos los documentos presentados de forma electrónica y autenticados con firma digital, electrónica y holográfica o registro como persona usuaria del Poder Judicial (correo electrónico, Sistema de Gestión en Línea u otro autorizado), tendrán validez de acuerdo con las reglas establecidas en los artículos 2 y 3 de este Reglamento.

Artículo 19 Otros medios telemáticos. La utilización de dispositivos inalámbricos de transmisión de datos y otros medios similares, conforme avance la tecnología, serán válidos siempre y cuando sean autorizados por la Institución.

Artículo 20 Falla de medios tecnológicos. En caso de problemas técnicos graves, que impidan la transmisión y no dependan de la voluntad de la parte, su abogado, o abogada: como la falta de energía eléctrica u otra circunstancia similar, ella deberá demostrarse y se presentará la gestión para su valoración por el juez o jueza, o el fiscal o fiscala a cargo del caso. En casos de urgencia, en los que las personas usuarias indicadas, requieran una pronta respuesta del despacho o fiscalía electrónica, podrán apersonarse ante estos y presentar el escrito correspondiente, invocando el problema técnico y los motivos de urgencia.

Para garantizar la continuidad del servicio público, ante los problemas técnicos indicados, los órganos del Poder Judicial, tomarán las previsiones del caso, para que los despachos judiciales y fiscalías electrónicas, cuenten siempre con el respaldo de los procesos electrónicos.

Disposiciones Finales

Artículo 21. Quedan convalidados los actos procesales practicados por medio electrónico hasta la fecha de publicación de este Reglamento, siempre que hayan alcanzado su finalidad sin perjuicio para las partes.

Artículo 22. En todo lo no regulado en este Reglamento, se aplicará el Reglamento a la Ley de Certificados, Firmas Digitales y Documentos Electrónicos, N° 33018 y deberá interpretarse sin contradecir esa Ley."

Esta comunicación deja sin efecto la circular N° 139-11, publicada en el Boletín Judicial N° 19 del 26 de enero de 2012.

San José, 30 de mayo de 2013.

Licda. Silvia Navarro Romanini
Secretaria General
Corte Suprema de Justicia

Ref.: 4750-2013
Dz

Es copia fiel del original - Tomado del Sistema Costarricense de Información Jurídica el: 03/11/2020

CIRCULAR DE SECRETARÍA DE LA CORTE N° 093 - 2020

07 de Mayo del 2020
Fecha de Publicación: 20 de Mayo del 2020
Descriptores/Temas: Protocolos, Audiencias
Documentos citados: - Publicaciones
Publicada en SECRETARÍA GENERAL DE LA CORTE N°093 del 7 de mayo del 2020

CIRCULAR N° 93-2020

Asunto: Protocolo para la realización de audiencias orales por medios tecnológicos en materia civil.

A LOS DESPACHOS JUDICIALES DE PAÍS QUE CONOCEN MATERIA CIVIL, ABOGADOS, ABOGADAS Y PÚBLICO EN GENERAL

SE LES HACE SABER QUE:

Que la Corte Plena en sesión N° 24-2020 celebrada el 4 de mayo de 2020, artículo XIII, aprobó el Protocolo para la realización de audiencias orales por medios tecnológicos en materia civil, el cual se trascribe a continuación:

"PROTOCOLO PARA LA REALIZACIÓN DE AUDIENCIAS ORALES POR MEDIOS TECNOLÓGICOS EN MATERIA CIVIL

DISPOSICIONES GENERALES

Artículo 1. Objeto: este protocolo regula el uso de las herramientas tecnológicas, en particular para la realización de videoconferencias a lo interno del país, a fin de dar continuidad al servicio público de los Tribunales de justicia, fomentar la realización de audiencias orales y otros actos procesales judiciales en materia civil y comercial por medios tecnológicos, garantizando la legitimidad y seguridad de los mismos.

Artículo 2. Ámbito de aplicación: aplica para todo acto procesal que pueda materializarse por medios tecnológicos, incluso para la recepción de prueba, en tanto se garanticen los derechos constitucionales y procesales establecidos en la normativa costarricense. Corresponderá a la persona Juzgadora dimensionar, cuáles actos podrán ser virtuales, y cales, deberán ser presenciales, total o parcialmente.

Artículo 3. Autenticación y tecnología segura: para la realización de audiencias orales y otros actos procesales, únicamente se utilizarán aquellas aplicaciones y plataformas tecnológicas que, conforme a los criterios de la Dirección de Tecnología de la Información, garanticen la seguridad y autenticidad en la obtención de la información, sin exponer los equipos y bases de datos de la institución.

Articulo 4. Identificación: en todo proceso judicial, se debe solicitar a la persona usuaria, a sus abogadas (os) y representantes legales, los datos indispensables para su identificación y para ser contactados para la audiencia oral y cualquier otra etapa del procedimiento. Ello incluye un número de teléfono celular, el cual se guardará en caso de que así lo solicite la persona interesada, en un archivo privado en el expediente electrónico o en caso de no poderse materializar de esa manera, de forma física. Además, un correo electrónico validado en el "SISTEMA DE VALIDACIÓN DE CUENTAS DE CORREO ELECTRÓNICO" (*https://pjenlinea3.poder-judicial.go.cr/vcce.userinterface/*). En caso de duda respecto a la identificación de la persona, el tribunal podrá hacer la verificación correspondiente ante los registros oficiales.

Las personas interesadas tendrán acceso seguro a la documentación electrónica de cada expediente mediante el uso de Gestión en Línea. La persona interesada, puede solicitar la clave de acceso a ese sistema, enviando un correo electrónico a la oficina judicial desde el correo electrónico autorizado anteriormente indicado, adjuntando una copia de su identificación. El tribunal creará el usuario en Gestión en línea, le dará una contraseña provisional que será el mismo número de cédula del solicitante. La primera vez que la persona usuaria ingrese al sistema, se le solicitará por seguridad el cambio de contraseña.

Artículo 5. Lugar: Las audiencias a realizarse por medios tecnológicos que aquí se autoricen, se realizarán en el caso de personas juzgadoras, en la sede del tribunal, en la sala de audiencia respectiva, a menos que por motivos de seguridad o salud deba efectuarse en la oficina de la persona juzgadora o en el lugar donde realice teletrabajo. Cuando se cite la realización de una audiencia oral por medios tecnológicos, las personas usuarias podrán participar desde las oficinas de sus abogados (as), domicilio social, real, o desde sus casas de habitación. No será necesario que la parte y su abogado (a) se encuentren en la misma ubicación, en tal caso, se podrán conectar de forma independiente siguiendo las pautas aquí establecidas, y las específicas dispuestas por el tribunal. Podrán estar en el mismo lugar, si así lo acuerdan. Para los actos procesales a realizarse con personas que se encuentran en el extranjero, se seguirá lo establecido en la Ley.

En todos los casos, los participantes deberán acondicionar el lugar donde se encuentren para el efecto, con buena luminosidad, aislado de ruidos y distracciones externas, considerándose así, como lugar idóneo. El fondo que se observe en pantalla deberá ser preferiblemente una pared color claro. El tribunal podrá tomar las medidas que considere necesarias, en caso de un eventual incumplimiento.

Artículo 6. Vestimenta: Las personas técnicas y juzgadoras que participen en audiencias orales por medios tecnológicos, deberán respetar las mismas reglas de vestimenta establecidas institucionalmente para la realización de las labores presenciales. En el caso de personas usuarias, representantes y personas abogadas, deberán vestir adecuadamente según las circunstancias. El tribunal podrá tomar las medidas que considere necesarias, en caso de un eventual incumplimiento.

Artículo 7. Tiempo de las actuaciones: Las audiencias orales a realizarse por medios tecnológicos deberán iniciarse a la hora señalada. En observancia de lo dispuesto por el Código Procesal Civil sobre inicio de actividades procesales luego de la hora fijada y posposición de audiencias, podrá iniciarse después, cuando motivos justificados técnicos lo imposibiliten. En todo caso, se aplicará lo dispuesto en la legislación procesal respectiva.

En caso que solo una de las partes presente inconvenientes técnicos antes de su inicio o una vez iniciada la actividad procesal, si se acredita debidamente, podrá suspenderse o reprogramarse de ser necesario.

Artículo 8. Prueba previa: al menos quince minutos antes de la hora de inicio de la audiencia oral por medios tecnológicos, se deberán realizar pruebas para verificar la conectividad así como los demás aspectos necesarios para la debida realización del acto procesal. Cada tribunal dispondrá lo anterior, en la resolución judicial que convoque para audiencia. Si la persona interesada no acude a este llamado justificadamente, podrá ser responsable de las consecuencias que ello genere si a la hora y fecha indicada, se presenten problemas técnicos que impidan su conectividad.

En todo caso, la aplicación de los efectos procesales que correspondan por inasistencia, se aplicarán a la hora y fecha señalada para el inicio del acto procesal, no para la prueba previa.

Artículo 9. Respaldo: las gestiones, resoluciones y actuaciones en audiencias orales, quedarán grabadas en audio e incorporadas al expediente judicial al finalizar el acto procesal mediante el sistema institucional SIGAO. Se deberá efectuar el etiquetado de los actos realizados durante la audiencia. Todo en aplicación de las directrices que al efecto dicte la Dirección de Tecnología de la Información.

En caso de pérdida del audio, se procederá conforme lo establecido en el Código Procesal Civil.

Artículo 10. Deberes éticos: los deberes de lealtad, probidad, uso racional del sistema y respeto que establece el Código Procesal Civil, serán de aplicación a los actos procesales realizados mediante audiencia oral por medios tecnológicos.

Al efecto, se podrán aplicar las sanciones establecidas en el Código Procesal Civil, Ley Orgánica del Poder Judicial y Códigos de Ética que regulan la función de las personas juzgadoras y litigantes en caso de incumplimiento. Entre ellas, el Código de Deberes Jurídicos, morales y éticos del profesional en derecho y la Política de Privacidad y Protección de Datos del Colegio de Abogados y de Abogadas, aprobado por la Junta Directiva en sesión 14-2016.

Artículo 11. Publicidad: Las audiencias orales serán públicas, no obstante el Tribunal por razones de legalidad u oportunidad podrá limitar la participación a la actividad procesal por medios tecnológicos cuando por circunstancias especiales se puedan perjudicar los intereses de la justicia, los intereses privados de las partes o los derechos fundamentales de los sujetos procesales.

El público podrá asistir tecnológicamente a la audiencia. A esos efectos deberá solicitarlo con al menos un día de anterioridad a su inicio, vía telefónica o por correo electrónico o presencialmente. Siguiendo el manual respectivo, se le incluirá en el señalamiento como persona asistente, o antes de iniciar la audiencia. Una vez iniciado el acto procesal, podrá autorizarse su participación durante la audiencia, siempre y cuando no se requiera suspender o interrumpir.

Para acceder al sistema de videoconferencia, deberán seguir los pasos que aquí se indican, así como lo establecido en el manual que emita la Dirección de Tecnología de la Información y los lineamientos específicos que el tribunal considere necesarios.

Las personas que asistan por esta vía en su condición de público, no podrán participar activamente. Se mantendrán en la audiencia por medios tecnológicos con los micrófonos apagados. En caso que así se requiera, para la realización de la conciliación u otro acto que lo amerite, el tribunal dispondrá la forma y tiempo en que las personas se retirarán de la sala creada por medios tecnológicos.

A las personas autorizadas para participar como público se les solicitará indicar un correo electrónico a fin de enviarle el enlace de invitación a la audiencia.

Artículo 12. Intérpretes: en caso de que se requiera, durante la realización de las audiencias por medios tecnológicos del servicio de una persona intérprete, el tribunal verificará que esta persona pueda contar con un contacto por medios tecnológicos directo con la persona que asistirá de tal manera, que permitan recibir de forma comprensible la información. En caso de que la persona intérprete no cuente con los medios tecnológicos necesarios, le será aplicable lo aquí dispuesto respecto a las reglas de accesibilidad.

Artículo 13. Accesibilidad: será obligatorio para las partes y sus abogados (as) asistir a los señalamientos de audiencias orales por medios tecnológicos, cuando se trate de personas en condiciones de vulnerabilidad o necesidades especiales, se tomarán las previsiones para la participación en la audiencia oral, conforme a los avances tecnológicos y las políticas institucionales de accesibilidad. Para ello, se deberá considerar lo establecido en la circular número 173-2019 de la Corte Suprema de Justicia.

En caso de que por motivos justificados, alguna de las personas que deban intervenir en la audiencia, no cuenten con los medios tecnológicos para ello, a criterio del tribunal, se podrá citar a la persona a un espacio adecuado en el asiento del tribunal u otra oficina civil cercana al domicilio de esta, para su realización. Se autoriza al Consejo Superior para coordinar la posibilidad de crear otras maneras para la atención de estos casos.

Se procurará en lo posible, evitar suspender una audiencia señalada. Salvo caso fortuito o fuerza mayor, será obligación de la persona interesada, dar aviso de forma inmediata una vez que la parte esté en condiciones de dar el aviso, respecto a tales inconvenientes.

Artículo 14. Dirección de la audiencia oral: el tribunal, al utilizar plataformas o medios electrónicos para la realización de audiencias orales, deberá ejercer sus facultades de dirección del debate en forma respetuosa y eficiente.

Se deberá tomar en consideración el derecho de las partes a poder ser asesoradas por su abogado (a). Salvo los casos donde deban prestar declaración, si la persona cliente y su representante no se encuentren en el mismo recinto, se permitirá que estos se contacten vía telefónica, *whatsapp* u otra aplicación que el tribunal autorice, y que permita la privacidad cliente – abogado, otorgando un espacio temporal razonable para ello, pero impidiendo las pérdidas innecesarias de tiempo. Será obligación del abogado (a), requerir autorización previa al tribunal.

Artículo 15. Formas alternas de resolución de conflictos: conforme lo dispone la normativa procesal y la Ley de Resolución Alterna de Conflictos, lo discutido durante la conciliación, no será grabado.

Si en el transcurso de las audiencias orales efectuadas por medios tecnológicos las partes llegan a acuerdos para la resolución de sus conflictos, éstos quedarán consignado en la grabación. La persona juzgadora indicará oralmente los términos del acuerdo, y las partes deberán dar su consentimiento a lo acordado de viva voz. En caso de considerarse necesario, durante el acto o posteriormente se podrá preparar y firmar, un documento donde consten esos acuerdos.

Artículo 16. Recepción de declaraciones: Tratándose de personas declarantes, su declaración por medios tecnológicos deberá realizarse en un lugar privado y sin la compañía de ninguna otra persona o medio tecnológico que le permita comunicarse, salvo el requerido para la actividad procesal por medios tecnológicos. Podrá tener asistencia y compañía, de requerirlo por razones de salud.

El tribunal procurará que no tengan contacto directo con las partes o con terceras personas, de tal manera que se impida recibir algún tipo de instrucción o insinuación de lo que vayan a declarar. Lo tendrán sólo a efectos de la evacuación de la prueba y en los términos regulados por la normativa procesal civil.

El tribunal deberá constatar que al menos se cumpla, con las siguientes disposiciones mínimas: la cámara deberá ubicarse sobre una mesa pegada a la pared. Durante la declaración la persona estará sentada frente a la cámara con las manos visibles a solicitud del tribunal y viendo la cámara. El dispositivo tecnológico deberá ubicarse, de ser posible, en posición que permita al tribunal visualizar a la persona de la forma descrita y la puerta de entrada al recinto. El recinto deberá permanecer cerrado durante el tiempo que así lo requiera el tribunal. La persona no podrá utilizar otros instrumentos electrónicos ni de consulta, salvo los casos en que legalmente esté permitido a criterio del tribunal. En todo caso, el tribunal puede solicitar al declarante, mostrar el recinto cuando le sea requerido.

En los casos en que lo anterior no pueda ser cumplido, o exista dificultad para rendir la declaración por esos medios, se podrá citar a la persona a un espacio adecuado en el asiento del tribunal u otra oficina civil cercana al domicilio de esta, para que mediante vía electrónica, brinde su declaración.

Si se tratara de diversas personas que deben rendir declaración en la misma audiencia, salvo que el tribunal disponga otra cosa, deberán encontrarse conectadas a la hora de inicio de la audiencia, con la finalidad de verificar su asistencia. No podrán desconectarse hasta tanto el tribunal no lo autorice. Para la recepción de estas declaraciones se podrá disponer de distintas horas o incluso días, en tanto no se violenten las normas procesales pertinentes. Deberá considerarse lo dispuesto en el artículo 41.4.3 del Código Procesal Civil.

Artículo 17. Interrupción del servicio: si durante el desarrollo de la audiencia se interrumpe por problemas de conectividad u otros de contenido técnico, el tribunal contactará de inmediato vía telefónica a la parte, abogado (as) o personas declarantes,a los números de teléfono previamente suministrados. Lo hará mediante llamadas telefónicas u otro medio disponible, con la finalidad de definir la continuación de la misma, su suspensión temporal o lo que corresponda. Para cumplir cabalmente con lo aquí dispuesto, al iniciar la audiencia el tribunal deberá advertir a las personas participantes su obligación de tener disponibles esos medios tecnológicos.

La persona interviniente que presente problemas de conectividad, recurrentes o que le imposibiliten del todo la continuación de la audiencia, deberán acreditarlo debidamente ante el tribunal. Se podrá acreditar mediante acta notarial, video de lo acontecido, u otro medio a criterio de la persona juzgadora. Caso contrario, este último podrá aplicar las consecuencias jurídicas que ameriten, disciplinarias y/o a lo interno del proceso judicial, incluso, citando a la persona al asiento del tribunal, según sea necesario.

La audiencia no se interrumpirá, en caso de inconvenientes técnicos que sufra una persona del público.

Artículo 18. Sistema informático a utilizar y requerimientos técnicos básicos necesarios: Para la realización de estas audiencias, la persona usuaria deberá contar con una computadora, dispositivo móvil o tableta con conexión a Internet, micrófono y cámara digital.

Por el momento, la plataforma que se utilizará para la realización de audiencias orales por medios tecnológicos, será el software denominado Microsoft Teams, en adelante "TEAMS", que brinda la protección de la información extremo a extremo entre las personas participantes. A cada despacho judicial se le asignará una licencia desde la cual se agenden los señalamientos y realicen las audiencias, de forma paralela al registro en la agenda CRONOS según los lineamientos institucionales actuales.

La Dirección de Tecnología de Información del Poder Judicial y el Consejo Superior, podrán variar de plataforma para realizar audiencias por medios tecnológicos, siempre y cuando cumplan las condiciones técnicas requeridas para hacer posible su realización en concordancia con la normativa procesal vigente, y los requerimientos de seguridad necesarios.

Las personas ajenas al Poder Judicial, no requerirán descargar la aplicación para participar en las audiencias, siempre que cuenten con las aplicaciones de *Internet Explorer, Microsoft Edge, Google Chrome, Mozilla Firefox*, o similares, servicio de Internet, y al menos los megas o capacidad de bajada para uso exclusivo de esta plataforma que indique el manual emitido por la Dirección de Tecnología de la Información. Por uso exclusivo deberá entenderse que durante la audiencia realizada por medios tecnológicos, ninguna otra persona pueda utilizar el servicio de internet de manera que disminuya ese ancho de banda.

DISPOSICIONES ESPECÍFICAS

ACTUACIONES PREVIAS A LA AUDIENCIA

Artículo 19. Asignación del señalamiento. La persona encargada en cada oficina judicial, procederá a incluir en el sistema de agenda de TEAMS, como de CRONOS (sistema judicial de agenda y administración de actividades procesales), la hora y la fecha asignadas para la realización de la audiencia. El título en el sistema TEAMS, corresponderá al número de expediente y el tipo de actividad a realizar. En lo posible, no se señalara por despacho más de una audiencia simultánea.

Artículo 20. Señalamiento. Con base en esa información, la persona técnica judicial procederá a emitir el formato judicial (machote), con indicación de la hora y fecha de la audiencia oral a realizarse por medios tecnológicos.

En la resolución, se informará o requerirá a las partes, como mínimo, lo siguiente:

a) la aplicación que se utilizará.

b) requerimientos técnicos mínimos necesarios.

c) dirección electrónica para "unirse a la reunión de Microsoft Teams".

d) indicación de la dirección electrónica institucional donde pueden descargar el manual de uso. La Dirección de Tecnología de la Información, indicará oportunamente la misma.

e) el número de circular de este protocolo.

f) la hora en que se realizará la prueba previa.

g) obligación de comunicar al tribunal, en el plazo legal correspondiente, de situaciones que impidan la realización de la audiencia oral por medios tecnológicos.

h) se deberá advertir, además, que si antes de la hora señalada para la audiencia se presenta cualquier inconveniente que impida la celebración del acto, deberá ser informado de inmediato al tribunal.

i) el número de teléfono o dato de contacto de la oficina judicial para el caso de dudas.

j) prevenir que se indique el correo electrónico de cada una de las personas que asistirán a la audiencia, con la finalidad de incluirlos en la plataforma "TEAMS".

Se informará, además, que de no conectarse a la aplicación en hora y fecha señaladas, sin justa causa, se podrán aplicar las consecuencias de inasistencia que señala el Código Procesal Civil.

En la misma resolución se solicitará a los (las) abogados (as) de las partes indicar sus números de teléfono a fin de poderles contactar de forma expedida.

Artículo 21. Firma de la resolución y comunicación de la agenda: Una vez que la persona juzgadora verifique la procedencia de la audiencia, así como los requisitos necesarios para su realización, procederá a firmar la resolución respectiva.

Con posterioridad, el expediente se trasladará a la persona encargada de la asignación del señalamiento para que se incluya en TEAMS y CRONOS las personas asistentes que hayan señalado un correo electrónico para recibir notificaciones (partes, abogados y declarantes). Se incluirá, además, a los y las asistentes requeridos por las personas juzgadoras, en particular las personas técnicas judiciales que se encargarán de la grabación y todo lo necesario para que se realice de forma adecuada la actividad procesal. Los mismos deberán estar presentes por los medios tecnológicos establecidos durante la audiencia.

La persona técnica judicial incluirá como asistentes a aquellas personas ajenas al expediente judicial que hubieran solicitado asistir como público. Si alguna persona desea participar como público, se le solicitará indicar un correo electrónico a fin de enviarle el enlace de invitación a la audiencia. No será obligatorio admitir el ingreso de personas que no hubieran solicitado previamente el acceso.

En el apartado de detalles de la reunión, se deberá copiar el texto de la resolución que ordena la audiencia.

Artículo 22. Cooperación a las personas usuarias. Considerando posibles limitaciones de brecha tecnológica, será obligación del personal técnico, en lo posible, atender las dudas que las personas interesadas realicen, presencialmente, vía telefónica o por otros medios, respecto a los pasos básicos a seguir para acceder a la audiencia. También sobre los requisitos necesarios y canales donde se puede obtener más información o descargar el manual, entre otros. Este servicio se brindará a partir del momento en que las partes o sus abogados (as) reciban la notificación del señalamiento para la actividad procesal.

Se deberá coordinar para que las personas que vayan a declarar, cumplan con los requisitos mínimos aquí dispuestos. La parte interesada, en caso de requerirlo, solicitará la cooperación respectiva del órgano jurisdiccional. Para ello, el tribunal deberá informar, de previo a la realización de la audiencia, el número telefónico y correo electrónico de contacto que disponga la Dirección de Tecnología de la Información para brindar soporte técnico a las personas usuarias externas.

Artículo 23. Prueba previa: El día de la audiencia, la persona técnica judicial encargada, con la anticipación debida, deberá hacer una prueba del equipo con que se grabará la audiencia y se verificará que la red está disponible. De haber problemas de red u otro que imposibiliten la conexión, se informará de inmediato a la persona juzgadora a cargo y eventualmente a las partes lo que corresponda, dejándose constancia en el expediente.

Ese día, con al menos quince minutos de antelación, la persona técnico judicial encargado de la grabación, además, realizará una prueba de conectividad con las personas juzgadoras, las partes y declarantes. Deberá dejar constancia en el expediente de esta actividad así como de las personas que no asistieron por medios tecnológicos a la misma.

Informará a la persona juzgadora, sobre lo ahí acontecido para lo que corresponda. Será obligatorio para las personas juzgadoras realizar la mencionada prueba.

CELEBRACIÓN DE LA AUDIENCIA

Artículo 24. Documentación de la audiencia. La audiencia deberá grabarse en audio mediante el SIGAO, a fin de incorporarla al expediente electrónico. Para la grabación se encargará a una persona técnica judicial que se designará, quien seguirá el procedimiento establecido en el manual elaborado por Tecnología de la Información. Durante la grabación, se deberán realizar las etiquetas correspondientes. En caso que así se requiera, para la realización de la conciliación u otro acto que lo amerite, el tribunal dispondrá la forma y tiempo en que la grabación será detenida.

La grabación en el SIGAO (sistema institucional para la grabación de audiencias) podrá efectuarse mediante dos formas: si la maquina donde se grabará tiene micrófono interno incorporado (como es el caso de las computadoras portátiles institucionales), bastará con elegirlo en el sistema. En caso de que no tenga un micrófono integrado, se deberá conectar uno externo, instalando el software en caso de ser necesario y eligiendo ese dispositivo en el SIGAO.

Las personas técnicas judiciales o juzgadoras no requerirán tener instalado en las computadoras institucionales la aplicación TEAMS, bastará con que se les incluya como asistentes en la convocatoria, utilizando para ello su correo electrónico institucional y luego ingresar utilizando el link de "Unirse a la reunión de Microsoft Teams". La institución ha incluido la posibilidad de acceder a esa aplicación en el modo web a lo interno.

Una vez que se inicie el acto, a la persona técnica judicial se le deberá ceder el control del sistema TEAMS para que esta, siguiendo las instrucciones de las personas juzgadoras, autorice quien ingresa o debe salir de la sala electrónica. Además, administrará el uso de los micrófonos.

En caso de considerarlo necesario, paralelamente la persona juzgadora instruirá a la persona técnica judicial, para que se confeccioné una minuta que cumpla con lo dispuesto en el artículo 50.5.2 del Código Procesal Civil.

Artículo 25. Verificación de la conexión. A la hora y fecha señaladas, la persona juzgadora procederá a verificar que los interesados estén conectados a la aplicación. Si una o ambas partes omiten conectarse y no informan de inconveniente alguno al tribunal, se dejará constancia de ello en el expediente. El tribunal posteriormente resolverá lo que legalmente corresponda.

Artículo 26. Requisitos básicos:al dar inicio a la audiencia, la persona juzgadora encargada, deberá indicar algunas reglas básicas:

a)Cada persona que ingrese, deberá hacerlo consignando en el sistema su nombre completo.

b)Aunque se grabe únicamente el audio, para garantizar una mayor inmediación, durante el desarrollo de la audiencia, las personas participantes, obligatoriamente tendrán el video de la aplicación encendido. Lo anterior se advertirá a las personas asistentes.

c)Los micrófonos deberán estar apagados y solo encenderlos cuando se requiera hacer uso de la palabra. Previo a ello, deberá esperar que la persona juzgadora lo autorice.

d)En un mismo aposento no podrán haber dos conexiones con audio encendido, pues ello ocasionará ruido y distorsión o interferencia en el audio de la grabación (conocido como *feeback*) en la grabación.

e)En caso de presentarse documentos durante la audiencia, se deberán compartir escaneada y en formato PDF (documento en formato portable). Se podrán entregar mediante la misma aplicación TEAMS, por correo electrónico, incorporarla al expediente virtual a través del sistema de Gestión en Línea (GL), u otra vía, a juicio del tribunal. En tales casos, la oficina judicial dispondrá de las medidas necesarias para cumplir con el debido proceso.

f)En caso de que alguna de las personas no cumpliere los requisitos mínimos respecto al lugar o vestimenta, tomará las directrices que correspondan. (artículos 5 y 6) g)Se recordará a las partes sobre los deberes indicados en el numeral 10 y al público las reglas del ordinal 11.

h)Se tomarán las previsiones mínimas relacionadas con la asesoría del abogado (a) según el artículo 14.

i)A las personas que deben declarar, se verificará su identidad se les recordarán las reglas del numeral 15.

j)Se informará como proceder en caso de interrupción del servicio. Conforme el artículo 16.

k)Se darán las instrucciones a seguir en caso que sea necesario solicitar un receso por algún motivo, por acuerdo de partes o bien por caso fortuito o fuerza mayor.

l)Durante el espacio otorgado para conciliar, se detendrá la grabación en apego a las disposiciones de la Ley RAC.

Las personas juzgadoras podrán hacer uso de sus potestades legales y reglamentarias en caso de incumplimiento.

Artículo 27. Identificación. Verificada la conexión de todas las personas que deben estar presentes, se dará la bienvenida y se solicitará la identificación vigente de cada participante. Cada persona, deberá acercar su rostro a la cámara e indicará en forma oral su nombre, apellidos y número de identificación. Además, mostrará su documento de identidad. Cuando el tribunal lo considere necesario, el documento de identidad se podrá cotejar con la cuenta cedular en el Tribunal Supremo de Elecciones o ante la Dirección de Migración y Extranjería en donde además se constate la fecha de vencimiento de la misma.

Artículo 28. Audiencia. La audiencia se desarrollará conforme a lo dispuesto en el Código Procesal Civil y las normas prácticas aprobadas para su aplicación.

Tratándose de Tribunales Colegiados, si en una audiencia unipersonal debe convertirse en colegiada, se deberán tomar las previsiones para ello, incluso, suspendiendo el acto durante el plazo legal, si fuere necesario. Lo anterior también deberá ser considerado, para otro tipo de audiencias, si se alegara recusación, o alguna otra situación en que deba intervenir otra persona juzgadora.

OTRAS DISPOSICIONES

Artículo 29. Bitácora: Al finalizar la audiencia, la persona técnica judicial incorporará en el expediente electrónico, una copia de la grabación con las etiquetas correspondientes.

Además, se descargará una copia de la bitácora de esa audiencia en el sistema TEAMS con la finalidad de que quede consignado en el expediente, los pormenores de lo ahí acontecido.

Adicionalmente, en caso de ser necesario, en la plataforma TEAMS existirá un respaldo donde se visualizarán las personas que participaron en la audiencia. El mismo estará disponible durante los noventa días siguientes al acto, previa solicitud por reporte al Administrador de la herramienta (Dirección de Tecnología de la Información).

Artículo 30. Problemas con las grabaciones. Si al finalizar una audiencia o durante su realización, la persona técnica judicial o algún miembro del tribunal se percatan de problemas en la grabación de lo acontecido; si producto de un problema de conexión no se entendió o quedó bien consignada la manifestación de una de las personas participantes, el tribunal tomará las decisiones que correspondan con la finalidad de corregir lo anterior, ya sea pidiendo a la persona que repita lo indicado, o bien mediante otra vía conforme las reglas establecidas en el Código Procesal Civil.

Artículo 31. Aplicabilidad. Este protocolo será aplicable a las audiencias únicas, preliminares, complementarias, de medidas cautelares, pruebas anticipadas, de segunda instancia, casación, en juicios universales y en general, cualquier audiencia que deban ser realizadas en los tribunales de justicia civiles.

Artículo 32. Vigencia. Este protocolo entra en vigencia a partir de su publicación".

De conformidad con la circular N° 67-09 emitida por la Secretaría de la Corte el 22 de junio de 2009, se comunica que en virtud del principio de gratuidad que rige esta materia, la publicación está exenta de todo pago de derechos. Publíquese una sola vez en el Boletín Judicial.

San José, 7 de mayo de 2020.

Lic. Silvia Navarro Romanini
Secretaria General
Corte Suprema de Justicia

ÍNDICE ANALÍTICO

Personas jurídicas, condición de parte 19.1.3